江西长江经济带建设协同创新中心资助项目

Green Jobs for
Sustainable Development

绿色就业
与可持续发展

〔克罗地亚〕

安娜－玛丽亚·博罗米萨
桑贾·西尔玛
阿纳斯塔西娅·拉蒂亚·莱扎克　　著　————　洪　卉　译

ANA-MARIA BOROMISA
SANJA TIŠMA
ANASTASYA RADITYA LEŽAIĆ

社会科学文献出版社
SOCIAL SCIENCES ACADEMIC PRESS (CHINA)

献给杰莉娜、伊凡娜、朱拉杰、塔马拉和弗里达

| 目　录 |

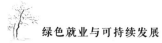

绪　论

　　绿色就业、绿色发展和绿色经济在 21 世纪初就已成为热词。人们在谈论可持续发展和消除贫困时，常会提及上述词语。绿色经济是联合国 2012 年可持续发展会议（"里约＋20"峰会）的一大主题，因此受到广泛关注。

　　随后，国际组织及著名专家、学者通过科学调研纷纷撰文指出只有坚持绿色发展才能走出经济困境，实现消除贫困的目标。然而，经济绿色发展并未得到全面贯彻实施。

　　在国民经济绿色发展全球化进程中，人们期待第三次工业革命即"绿色革命"能拯救地球，带给人类福祉。

　　如今，绿色就业已被视为新的就业增长点，可以缓解就业压力，新增就业岗位，改善和恢复环境，促进经济和社会发展。人们希望绿色经济能有助于解决气候变暖、环境恶化和贫困问题，同时期待绿色发展能缩小发展中国家与发达国家的差距，确保可持续发展。

　　尽管如此，人们对绿色就业究竟能否推动经济发展及新增绿色岗位的成本是否过高依然心存疑虑，并就此展开了激烈的争论。该争论反映了大众文化[1]的一个方面，本质上而言具有普遍性，但缺乏科学数据的支撑。本书旨在提供科学数据和理论依据，为绿色发展在多大程度上可行并能实现，又在多大程度上可用于市场定位并为新产品和新消费创造新市场提供答案。

本书基于早期金融环境与发展的科研成果。[2] 首先，这些成果表明需要对保护水资源、空气和自然环境（生物多样性），处理垃圾，应对气候变化进行巨额投资；其次，不能只考虑这些巨额投资的商业收益，因为某些地区和国家实施污染者付费原则，这使企业和组织的内部成本加大，经济上难以承受。因此，投资环境服务行业未必会使人们的生活水平得到普遍提高、社会趋于公平；相反，可能会导致贫困人口不断增加。

本书提供了更广阔的视野，不仅从地理上而且从经济发展角度探讨了环境产品和服务（Environment Goods and Services，EGS）的功能和作用，同时，还分析了创造新的绿色就业机会在多大程度上有助于实现2015 年后可持续发展目标（Sustainable Development Goals，SDGs）和应用新的绿色发展模式。

人们最初做出的假设是创造绿色就业机会（通过政府投资和补贴、善政和强有力的政治支持）不足以推动绿色经济增长和可持续发展。

现有分析表明，实施绿色发展和绿色经济可以提供具有优势、更有发展前景的就业岗位。本书从另一个角度分析考证了绿色就业推进到什么程度才能全面促进经济发展（与创造精英就业机会和扩大贫富差距的新市场定位相反）。

为此，我们提出了绿色就业、绿色经济和绿色发展的概念，概述了10 个国家和地区的执行情况，这 10 个国家和地区均为 G20 成员。[3]

选择 G20 成员的原因在于这些成员国经济规模和影响力均较大，同时因为它们实施的政策一直受到反全球化主义者的批评。在某种程度上可以说，走向绿色意味着反全球化。

所选样本包括发达国家和地区（欧盟、美国、澳大利亚、加拿大、韩国和日本）和发展中国家（墨西哥、土耳其、中国和巴西）。其中包括二氧化碳排放量占世界前三位的国家和地区，它们的碳排放量占世界各国碳排放总量的 56%（中国 29%、美国 16%、欧盟 11%）。欧盟国家的关注焦点是英国[①]和丹麦，原因是英国是 G20 成员，而丹麦则积极推行绿色政策，努力实施绿色发展，是"全球经济绿色之最"的象征。丹麦于 1971 年先于各国成立了环境部，颁布了世界上第一部严格的环境法规。它成功跻身于全球高效能经济体行列，并实现了经济增长与能源消费脱钩。

我们试图用这些国家和地区的例子来说明经济绿色发展的驱动力和阐释当前流行的概念。

本书始终以同一种方法阐述绿色就业、绿色经济、绿色发展和绿色政策。首先，根据国际组织和各国给出的绿色定义梳理一般性概念。其次，介绍一些特定国家的绿色政策措施和具体实施情况。

同时，基于背景文件和二手资料所做的分析，得出了各国横向比较的总体框架。根据各国的共同特点和主要差异，找出了实施绿色政策的驱动因素和存在的障碍。

第一章阐述绿色就业的概念和定义。概念和定义与国际组织及各国的描述一致，重点分析针对绿色就业的争论和判断的局限性。

第二章、第三章阐述绿色经济和绿色发展。因绿色发展的概念源于亚洲，所以第二章、第三章主要讨论亚洲各国的具体实施措施。此外，对创造绿色就业需要的投资做出了评估，绿色就业是绿色发展潜力的来源。

第四章在定义可持续发展时，对一些协议和文件中概念的发展及处理进行了深入探讨，如 2015 年后可持续发展目标、千年发展目标（the

---

① 截至作者写作本书时，英国尚未脱离欧盟——译者注。

Millennium Development Goals，MDGs）及与现实成果的对比、"里约 +
20"峰会结果性文件《我们期望的未来》以及哥本哈根世界气候大会
成果等。本章可作为分析可持续发展与绿色政策间相互作用的依据。

第五章聚焦绿色政策，阐述为实现绿色就业、绿色发展、绿色经济
和可持续发展而采取的相关政策措施。同时，介绍了如何将一些鲜为人
知的政策转化为绿色政策及如何将其中一些政策付诸实践。本章还介绍
了监测绿色政策实施的指标设计，其目的是为决策者提供重要参考
信息。

第六章讨论绿色就业、绿色经济、绿色发展和可持续发展间的关
系，回答投资绿色就业、新增绿色岗位是否明智及这些高投入最终是否
将促进高收入的"精英"就业岗位产生，从而使政府和企业不堪重负。
因此，本章将探讨绿色发展能否成为新的市场定位，及绿色发展能否成
为推动世界各国未来可持续发展和提供福祉的唯一出路问题。

第七章介绍本书的主要研究结论。

本书所做的分析说明绿色发展思路是正确的，但贯彻落实要取决于
各国的政治、经济和社会状况。发达国家认为绿色发展能够成为创造新
需求的手段，而发展中国家则更多地依赖劳动密集型产业和较低成本的
绿色就业。因此，经济绿色发展将加大贫富差距。

注　释

1. 例如，美剧《绝命毒师》和《纸牌屋》提及绿色就业/绿色投资。在
2014 年获得美国电视艾美奖的《绝命毒师》中，Skyler White 声称她辞
去了特德·贝内克工厂的会计工作，原因是该工厂不够环保。她在工厂
引进绿色焊接技术后又回到工厂工作。在《纸牌屋》中，国会议员彼

得·鲁索未能为导致 12000 人失业的造船厂倒闭事件作证。他试图通过提出该领域的绿色项目来减少损失。

2. 我们（至少两位作者）无法容忍这种无耻的自我推销。该研究结果于 2012 年由 Routledge 以相同名称（环境金融与发展）发表。

3. G20 成员是 20 个主要经济体（阿根廷、澳大利亚、巴西、加拿大、中国、法国、德国、印度、印度尼西亚、意大利、日本、墨西哥、俄罗斯、沙特阿拉伯、南非、韩国、土耳其、英国、美国、欧盟）政府和央行行长组成的国际论坛。其中欧盟由欧洲委员会和欧洲中央银行代表组成。

第一章　绿色就业

概　念

全球经济危机导致数百万个就业岗位（自 2007 年以来为 3600 万个）遭到裁减（ILO，2014）。此外，就业总人数（8390 万人）中的约 1/3 劳动力每天所挣收入不到 2 美元，仍处于工作贫困之中。总失业人口超过 2 亿人。因此，在未来的 5 年内，至少需增加 2000 万个就业岗位才能满足新兴国家和发展中国家呈上升趋势的劳动适龄人口的需求（ILO，2014a）。

同时，越来越多的事实证明气候在朝极端方向变化。气候变化带来的挑战使人们再度认为人类社会要发展和进步需要坚持走可持续发展的道路。

新增绿色岗位可以应对经济危机和气候变化的双重挑战。虽然"绿色就业"已成为越来越时髦的词，但是其至今尚未被赋予明确的定义（如 Bowen，2012；Huggins，2009）。依据工作技能要求、工资水平和工作条件的不同，绿色就业呈现多样性、复杂性特点（OECD，2012）。

各组织机构（国际机构、倡导机构和政府机构）给出的绿色就业定义是分析和搜集数据资料的来源。具体分析建立在国家层面和企业层面的数据上，并采用相应的术语（如低碳工作、清洁能源、环境依赖型工作、绿领工作）。

2007 年，国际劳工组织（ILO）连同联合国环境规划署（UNEP）和国际工会联盟（ITUC）首次发起绿色就业全球倡议。2008 年，国际雇主组织（IOE）也加入其中。倡议的目的是评估、分析和促进绿色就业发展以利于环境政策的实施，应对环境挑战。

国际劳工组织将绿色就业定义为在经济部门和经济活动中创造，可以减轻环境影响，并最终实现环境、经济和社会可持续发展的体面工作（ILO，2014a）。绿色就业呈现的特点与环境、经济和社会的和谐发展紧密相关。因此，绿色就业是指满足以下条件的任何就业：①提供与环境保护和管理相关的产品或服务；②使任何行业中的流程更具持续性；③具备体面的工作条件（ILO，2013c）。

因此，绿色就业概念结合了工作内容和商品或服务的特点。

国际劳工组织认为环境工作与绿色就业有所不同。前者是指在提供产品和服务的过程中能够减轻对环境影响的工作，而后者是指与环境因素相关（包括具备体面的工作条件）的就业。环境工作不一定是绿色的（如一些再生资源行业的工作属于环境工作，但通常只是非正式经济的一部分，而且工作环境也很危险）。

国际劳工组织提议采用 2008 年的体面工作指数以便分析工作条件，筛选出环境工作岗位并对绿色就业数据进行预测。指数设定在 1 ~ 100 的范围内。统计结果为 70 或高于 70 表明此项工作是体面的。该指数建立在传统活动领域基础上并采用四个变量：①足够的收入（月收入），50% 的权衡值；②体面的工作时间（每周工作时间）；③工作的稳定性和安全性（签订书面合同）；④社会保障（获得社会保险）。

国际劳工组织为 16 个抽样国草拟了体面工作的国家概况[1]，而国际劳工组织的绿色技能调查工作则涵盖了 21 个国家[2]，巴西和南非包含在内。根据国际劳工组织的调查结果，进行国家和部门间的比较有很大的局限性。

国际工会联盟和《联合国环境方案》（UNEP），即绿色就业的倡导者提出的定义使绿色就业"体面"的内涵更为复杂。国际工会联盟认为就业（和经济）绿色化可创造更多更好的岗位，即提供体面就业的方式。环境友好型投资应当创造体面的工作，并有助于将现有就业转变为可持续就业。国际工会联盟将这些可持续的、体面的就业称为绿色工作或体面工作。这就意味着绿色就业未必是体面的。《联合国环境方案》对绿色就业的定义如下：

> 从事农业、制造业、研发（R&D）、管理和服务活动有助于保护和恢复环境质量。具体而言，包括有益于保护生态系统和生物多样性；利用有效战略，减少能源材料和水资源消耗；为经济"减碳"；最低限度或完全避免产生各种形式的浪费和污染（UNEP，2008）。

因此，《联合国环境方案》（UNEP）给出的定义并不包括体面部分。

2013 年第 19 次劳工统计会议提出必须制定标准，提高各国数据的横向可比性与合理考量体面工作（ILO，2013c），并认可了关于环境部门就业统计定义的指导方针（ILO，2013b：3）。

在方针被采用之前，讨论的重点是环境工作与体面工作间的关联度。人们认为"绿色"概念本质上强调的是可持续性，这表明体面工作和绿色就业对于实现可持续发展都是不可或缺的，两者紧密相关。另外，还有人认为引入体面工作使本已复杂的统计更加复杂化。采用体面工作衡量方法可能使其与其他"绿色"、不含体面要素的度量方法相悖，如环境经济综合核算体系（SEEA）[4]。

最后，根据已通过的指导方针，"绿色就业"被视为满足体面工作要求的环境部门就业的子概念。

环境部门是由所有从事环境活动的经济单位构成的。广义而言，环境活动就是环境保护和资源管理活动。前者的主要目的是预防、减少和消除污染及其他形式的环境退化；后者的主要目的是保持自然资源，防止资源过度消耗。如果采用环境可持续的技术和方法，农业、渔业和林业部门的活动可被视为环境活动。

体面工作的要求是必须具有足够的收入、环境安全、员工权益、社会对话和社会保障的特征（ILO，2013a：3）。

简而言之，国际劳工组织认为绿色就业是可持续发展的重点，也是对环境保护、经济发展和社会包容问题的回应。由于绿色就业在创造体面工作方面具有巨大潜力，有助于实现经济向低碳可持续发展转型，因此它可以促进企业生产和劳动市场绿色化。此外，国际劳工组织还认为向低碳经济模式转型需要重组结构，这势必会导致某些行业和职业的减少。因此，制定的政策应有助于转型并帮助受到冲击的企业和员工（ILO，2014b，2014c）。由于绿色化理念及低碳经济部门和节能企业的就业创造了非环境部门的绿色工作和相关就业机会，绿色工作有助于应对和最大限度地减少转型过渡期出现的问题。

绿化创造的非环境部门的就业是指向环境部门提供产品和服务的经济单位的就业。低碳经济部门和节能企业的就业是指低碳排放单位的就业（如绿色建筑就业）和同一经济活动中比大多数企业更为节能企业的就业。绿色工作指所有提供环境产品和服务的工作，包括就业、志愿工作和自用生产工作。

在关于环境工作统计学定义指南草案的讨论中，关键的挑战在于各机构形成的概念差异较大。

大多数统计采用行业定义法，将绿色就业与被视为提供绿色产品和服务的行业的就业联系起来。它们利用"列表法"，专注于生产环保产品的行业，采用经济合作与发展组织或欧盟统计局对环境产品和服务的定义。[5]环境产品和服务行业包括提供产品和服务以评估、防止、限制、尽量减少或补救对水、空气、土壤造成的损害，以及与废物、噪声及生态系统有关的问题，包括污染治理和资源管理。行业类别划分不同最终导致绿色就业岗位评估数据的差异。

从另一个角度进行分析，绿色政策或绿色企业家精神造就了绿色就业。照此思路，绿色政策对绿色就业的影响应参照相关的基准，即认为只要是在绿色政策指导下创造的就业就是"绿色"的，即使它们与环境目标没有直接联系（如烟草加工等）和间接联系（如建筑）。政策调整应该考虑污染部门（如传统的、以化石为燃料的部门）的减员问题。

因此，越来越多的倡导机构和国家对绿色开始有不同的解读，以此形成了拥护政策、搜集数据或制定决策的基础。为说明世界各国绿色就业定义的多样性，以下将对欧盟及其成员国、美国（官方和部分倡导机构的定义）、日本、澳大利亚和韩国及加拿大、墨西哥、巴西、土耳其和中国对绿色就业的定义进行陈述。

欧盟及其成员国

绿色就业属于初级技能还是高级技能工作？

2012 年 4 月，欧盟出台了一系列政策文件（就业计划）调查欧盟就业政策如何与其他政策协同支持经济快速可持续和包容性增长（这是欧盟从 2012 年至 2020 年战略发展的重点）。人们期待快速、可持续发展和包容性增长能促进企业经营模式的转变和技术的改造，同时增加绿色就业岗位。绿色就业包含环境依赖型工作及在促进经济更为绿色化的进程中所创造、替代和得以改进的工作（EC DG Employment，2012）。重点关注两大类工作：①在生态工业中发展绿色就业；②支持传统产业的绿色化。

若干研究（其中部分由欧共体委任）提出了不同的定义。世界自然基金会（WWF）研究分析了欧洲绿色市场的潜力和相关的环境及低碳就业情况（Ghani-Eneland et al.，2009）。Ghani-Eneland 等的研究将绿色就业定义为可再生能源、可持续交通、能效产品生产和服务领域的就业。埃罗伊斯（Ecorys）[6] 在其关于环境和资源依赖型工作研究中，提出了更广义的定义，包括农业劳动大军（Rademaekers et al.，2012）。

在国家层面上，欧盟成员国（如奥地利、芬兰、德国、匈牙利、葡萄牙和西班牙）提出了绿色就业的概念，同时也有部分国家（如比利时、克罗地亚、希腊、法国、荷兰、斯洛伐克、斯洛文尼亚、瑞典）尚未提出相关的概念。专栏 1.1 列出了已有的关于绿色就业的定义。

英国就业和退休保障部（DWP）和未来就业基金（FJF）[7] 计划创造1 万个绿色就业岗位。因此，绿色就业被定义为提供推动经济低碳排放和提高资源效率的产品和服务，包括环境部门（如资源循环、废物管理、环境咨询和监控）、可再生能源技术（包括风力、潮汐、地热和生物能）及新兴低碳部门［如替代燃料、碳捕捉与封存（CCS）、碳金融和建筑技术］的就业机会（House of Commons，2010）。

专栏 1.1　欧盟各成员提出的绿色就业定义

奥地利提出的定义建立在欧盟统计局（2009）环境产品和服务（EGS）手册的基础之上。

虽然比利时没有国家层面关于绿色就业的定义，但该国坚持以政策为导向。各政府机构（如高等就业委员会、佛兰芒政府、联邦政府）在不同的研究中提出了相关定义。

芬兰于 2009 年采用了经济活动标准分类中对绿色就业的定义。

德国于 1996 年首次提出绿色就业概念。之后，该概念经过不断修正和完善。绿色就业含有两个重叠的类别：①环境产品和服务的提供（污染管理、清洁生产和技术、资源管理——参照欧洲统计局和经济合作与发展组织的定义）；②与环境有关的活动（如环境咨询顾问、规划和管理、自然与景观保护）。

在西班牙，环境部于20世纪90年代采用了定性定义。与国际劳工组织、经济合作与发展组织或联合国环境规划署给出的定义一致，该定义主要侧重区分国家分类和职业分类中的绿色部门。

资料来源：作者基于经济合作与发展组织资料的整理。

英国将绿色技能分为一般绿色技能和高级绿色技能，这意味着高级绿色技能工作不同于一般绿色技能工作。

普通或一般绿色技能工作能够提高资源效率，是所有企业经营所必需的技能，包括企业管理技能，如生命周期分析/成本核算；碳采购知识；规划、影响评估和风险管理；领导和管理；可持续采购；节能技术；财务管理等。

高级绿色技能工作是低碳行业、气候适应性和自然资源管理领域所需的技能，包括从事核能与可再生能源（如风和海洋）知识培训的专家和工程师工作以及从事家庭和商业楼宇节能设施、设备安装知识培训的技术人员（HM Government，2011）。据称将来每份工作都将是绿色工作（CEDEEOP，2010）。尽管目前关于绿色就业的概念尚不明确，但它却因拓展人才市场的需求应运而生，为绿色工作求职者提供专业化服务。[8]

丹麦基于20世纪90年代末的政策议程提出了绿色就业定义。虽然该定义较模糊，但其与节能、废物回收和可再生能源相关。1997～2001年，公共特别基金"丹麦绿色就业"积极支持企业各类活动（如改善公司能源管理、创造环境友好型企业和产品、保护自然资源、处理废物和生产有机食品）（Madsen，2014：29）。然而，根据经济合作与发展组织的数据，丹麦劳动就业部于 2012 年才开始定义绿色就业（OECO，2012）。

丹麦能源部对绿色行业从业资格条件和其他经济体的从业资格条件进行了调查研究和对比。研究结果表明两者之间的主要差别是绿色生产行业 42% 的员工接受过继续教育和技术培训，而其他行业具有相关经历的员工仅占 30%。

相比其他行业，绿色生产部门的非技术人员比例略低，技术人员比例略高。就短期、中期和长期继续教育（包括博士）而言，绿色生产部门与其他行业的情况基本相似。2005～2010 年，两者都面临如何加强员工的长期教育问题。因此，要进一步发展绿色产业就必须有足够的具有自然科学与技术背景的毕业生。

美国

在美国绿色就业工作属于绿领工作。

2010 年，美国劳工统计局（BLS）参考了大量研究机构的报告，包括美国国家劳动力机构、国际组织及与利益相关者的协商（联邦机构、劳动市场信息处和行业团体），提出了正式的绿色就业定义。

为说明各定义间的差异，我们将倡导全民环保组织[9]、布鲁金斯研究所和美国市长会议所使用的定义呈现如下（见专栏 1.2）。

全民环保组织和市长会议所用的释义主要用于游说。受市长会议委托撰写的报告说明了如何确认部门（在国家和都市层面上具有高增长潜力的部门）的绿色就业。考虑到美国经济转型，该定义被用于提倡鼓励人们投资都市和地方的绿色行业（Global Insight，2008）。

美国劳工统计局提出的定义，即绿色就业是指与保护和恢复环境、预防消除污染和温室气体（GHG）以及保护自然资源有关的就业，建立在各绿色就业定义共有特征的基础之上。

专栏1.2　所选用的、美国提出的绿色就业定义

　　绿色、清洁或低碳经济体是提供对环境有利的产品和服务的经济部门。这些部门的就业便是绿色就业（Muro et al.，2011）。

　　绿色工作，又称为绿领工作，收入可观，具有发展前景，且有利于直接保护或提高空气、地表水和地球环境质量。换言之，绿色工作必须是体面的工作，是脱贫之路，而非改善环境却不提供养家收入的活动，也非将收入低的劳动力转入高技能行业的职业阶梯。大多数绿领工作是中等技能工作，从业者需要有高等专科教育（不到四年的学位）背景，在低技能、低收入人员能力范围内。只要他们参加有效的教育培训并获得恰当的支持都可以从事中等技能的绿色工作（Jones，2008）。

　　利用可再生能源发电，供应玉米或大豆用作运输燃料的农业工作，提供可再生能源发电的制造业工作，专门经营可再生能源和能效产品的设备商和批发商从事的工作，能源及污染管理系统的建设和安装，政府环境项目的管理，以及为工程、法律、研究、咨询领域提供支持的工作都属于绿色活动的范畴（US Conference of Mayors，2008：5）。

　　资料来源：作者收集、整理。

　　绿色就业有两个要素，与产出和过程法描述的一致。

　　绿色就业可以是以下活动之一：①提供有利于保护环境或自然资源的产品和服务的企业工作（产出法）；②生产过程绿色化或减少资源消耗的工作（过程法）。

　　在产出法中，美国劳工统计局关心的是提供特定产品和服务的相关工作（如绿色产品和服务，GGS），而忽略产品生产过程对环境造成的影响。绿色产品和服务是以下五类中的一类或多个类别。

　　（1）**可再生能源**，电能、风产生的热能或燃料、生物能、地热能、太阳能、海洋能、填埋区沼气或城市固体废料。

（2）**节能**，包括能提高建筑和能源贮存与分配能效的设备、设施、建筑、车辆及产品和服务（如智能电网）。

（3）**减污排污，温室气体排放减少，以及回收与再利用**，这些产品和服务包括：

- 减少或消除污染物或有毒物质的产生和释放，或从环境中去除污染物或有害废物；
- 通过可再生能源发电和提高能效的方式减少温室气体排放。例如，该类方法包括核能发电、许可证交易与补偿；
- 减少或消除废物的产生，并回收、再利用、再制造、循环或将废料废水制成合成肥料；

（4）**保护自然资源**，包括与有机农业和可持续林业有关的产品和服务；土地管理；土壤、河水或野生动植物的保护；暴风雨水管理。

（5）**环境协调、教育、培训、公众意识**，这些产品和服务包括：

- 实施环境法规；
- 提供与绿色技术和绿色实践有关的教育与培训；
- 提高公民环境意识。

从某种程度上说，产出法与环境工作的定义对应。

尽管过程法所提供的产品和服务可能非"绿色"，但它与任何行业都相关且涉及对环境有积极影响的活动和就业。过程法强调员工要让生产过程更为绿色化或减少自然资源的消耗。这些员工研究、开发或使用新技术和新方法以减少企业对环境产生的不利影响，或对企业雇员或承包商进行技术和实践方面的培训。

过程法的目的是确定绿色工作的范畴，两者并不排斥，但是有交叉。

美国劳工统计局的定义虽未包含与可持续或体面工作有关的内容，但其提供的数据体现了工作安全、薪金、工会会员和福利方面的信息。

因此，只要定义了标准来确立体面工作的必要条件，那么美国劳工统计局提供的信息将有助于确立绿色就业的概念。

直到 2013 年，美国劳工统计局才定期发布绿色就业的信息（US Department of Labour，2013a）。具体就业信息包括：薪金、预期就业前景、工作内容、工作条件和必要的教育、培训及证书。然而，2013 年 3 月美国劳工统计局削减了预算，取消了两项计划和所有"绿色就业评估"项目，从而导致下述信息的缺失：①提供绿色产品和服务的企业和行业就业数据；②与绿色技术和活动有关的就业和薪金数据；③绿色就业信息发布。[10]

日本

日本旨在利用绿色就业抵制气候变化。

日本于 20 世纪 90 年代末开启了绿色就业的讨论工作。对绿色就业的最初估计集中体现在建筑和环境研究上。环境省定义绿色企业的角色是不断抑制气候变化并促进经济发展。提供能够测量、预防、限制、大幅减少或纠正对水、空气和土壤的破坏及与废物、噪声和生态系统有关问题的产品和服务的公司被认为是绿色的。这包括使用更清洁的技术、产品和服务以降低环境风险、减少污染和资源消耗。根据经济合作与发展组织的定义，绿色就业被定义为与提供环境产品和服务有关的就业。环境省定期（每 6 个月）发布绿色就业报告，其中包括 12 个环境行业和 19 个从事环境产品经营的企业信息（Japanese Ministry of the Environment，2013）。

实施 2011 年制定的新发展战略预计将导致劳动力市场和人们谋生方式的深刻变化，并为创造绿色就业机会带来重大机遇。

澳大利亚

2014 年澳大利亚首次统计了绿色就业实验数据。

澳大利亚于 2008 年展开了绿色就业讨论。当年澳大利亚保护基金会将绿领工作定义为六个行业的就业：可再生能源、节能、可持续水网系统、生物材料、绿色建筑、废物和回收（ACTU，2008）。

2009 年，澳大利亚环境部和新西兰发布了一份研究报告，提议使用澳大利亚绿色就业分类法（Ehmcke et al.，2009）。该报告确定了定义绿领工人的三要素：第一，个人技能和职责；第二，个人所在组织的行业性质；第三，组织和工作是否倾向于环保或可持续发展。

该提议建立在澳新职业标准（ANZSCO）和澳新产业分类标准系统（ANZSIC）基础之上。

澳新行业标准法案涉及的岗位广泛，从高级技能或职责到低级技能和职责。在澳新行业标准法案中前三类绿领工人（经理、专业和技术人员、商务人员）通常是根据他们的特定技能或职责来定义的，而后五类绿领工人则通常是根据其所服务的行业性质定义的。因此，澳大利亚就绿领工人产生了两类定义。

第一类，在绿色机构工作或在非绿色机构工作但具有绿色技能的经理、专业和技术人员。

第二类，在绿色机构工作的服务、文案、销售人员以及半熟练工人。

依据上述释义，绿领工人可分为七大类：参与管理、战略、技术、政策、教育、行动和过程的人员。虽然该定义是基于现有数据得出的，但澳大利亚统计局 2014 年才公布绿色部门企业环境服务工作的系列实验数据（Emerson，2014）。

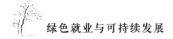

加拿大

加拿大依然没有对绿色就业的正式定义。

绿色就业的定义尚在争议中。许多释义可从各机构包括社区和非营利机构（如皮尔·霍尔顿劳动力发展集团）、非营利私营企业基金会（如环球基金会）或标准化机构（如加拿大环境职业机构，见专栏1.3）获得。然而，加拿大政府并未正式定义绿色就业。

专栏1.3　加拿大提出的各种绿色就业定义

绿色就业是指直接使用能将环境影响降至最低的信息、技术或材料，且需专门的技能、知识、培训或经验的就业（Environmental Careers Organization Canada，2010：4）。

绿色职业是指有利于减少废物和污染，改善环境，支付足以养家的工资，提供职业晋升机会的工作（Peel Halton Workforce Development Group et al.，2009：3）。

生产或降低产品价格并产生积极的环境外部性的职业可全部或部分视为绿色职业（Globe Foundation，2009）。

资料来源：Katz，未标明日期：12。

根据对绿色就业某些特征的强调，现有定义可分为以下五类。

（1）工业法，强调特定就业经济产出。

（2）职业法，注重特定就业活动和投入。

（3）人本法，以人为本，工作质量第一（有足够的薪金和职业晋升机会），环境产品第二。

（4）能源法，仅包括能源生产和保护的工作。

（5）全方位包含法，涵盖所有以某种方式改善和保护环境的工作（Katz，n.d）。

加拿大人力资源和技能发展部（HRSDC）开启了以具体和标准的系统命名法对绿色就业进行分类的工作，目的是划分行业和职业类别以利于经济活动。北美产业分类体系（NAICS）和加拿大国家职业分类系统（NOC）是两大标准命名系统。绿色就业涉及五大绿色领域：环境保护、绿色能源、节能建设、绿色制造和运输、绿色服务。

每个领域都聚集了若干绿色产生部门。这些行业部门是基于特定系统命名法，然后根据北美行业分类系统的行业分类标准进行行业命名的。迄今为止，绿色就业分类法的进步和完善都是基于各机构（包括职业信息网、联合国环境署、加利福尼亚卓越中心、环球基金会、国际劳工组织、加拿大人力资源与技能发展部服务国际区域网络、加拿大统计局和环境控制组织）对绿色就业的研究（OECD，2012）。

韩国

韩国认为绿色就业有助于"低碳发展"。

2009年，绿色就业的概念在韩国应运而生。它涉及为"低碳发展"（实现节能和改善环境）提供产品和服务的就业。该定义建立在现有韩国标准行业分类法（KSIC）和韩国职业就业分类（KECO）的基础之上。实际上，根据韩国政府的职业就业分类，169个总类别可分为64个绿色行业和101个绿色职业。由于定义不是基于一套独立的分类标准，因此绿色行业与绿色职业有重合部分（OECO，2012）。

自2009年1月以来，韩国一直实施"就业行动计划–绿色环保新政"。该计划是经济复苏计划的一部分。2009~2012年，政府投资50万亿韩元，希望能创造96万个环境友好型就业岗位。此外，2009年9

月韩国政府还制订了一份长期《绿色就业计划》，旨在支持政府议程，将快速提高经济增长与发展环境、创造绿色就业机会和培养绿色技能劳动力联系在一起。例如，2010 年制订了《中小型绿色企业联合培训计划》以提高中小企业（SME）的员工素质，有效解决经济转型过程的员工技能问题。韩国理工大学被指定为培训中心，2016 年获得财政和设施设备的经费支持，提供 9 个核心领域包括光电池（PV）、生物和其他可再生能源及生态交通系统的培训。仅在 2010 年，该项目的预算经费就达 217 亿韩元。政府希望这笔投入能起到桥梁作用，将三星这样的大型企业的绿色技术导入中小型企业。

墨西哥

墨西哥认为绿色就业是可持续发展的一种就业方式。

墨西哥并未提出正式的绿色就业定义。国际劳工组织在对墨西哥绿色就业进行研究时用的标准是国际劳工组织的定义。根据该定义，绿色就业是指：

- 生产与环境保护和管理有关的产品或服务；
- 令任一行业的流程更具可持续性；
- 具备良好的工作条件。

从工作条件和环境的角度而言，传统活动不同于绿色活动。根据国家标准和认证绿色活动分为以下九项：可持续农业或有机农业；可持续林业；可再生能源；清洁行业；可持续建筑；废物管理；可持续旅游；公共交通；政府。

墨西哥政府面临的挑战性问题是绿色就业定义对"体面"的要求，即墨西哥劳动力市场非正式就业（自给农业和有偿家务劳动）率（66.5%）高和工作条件差；将近一半（46%）的雇员没有签订用工合同，40% 的雇员没有福利。[11]

巴西

在巴西，绿色就业能够促进国民经济发展。

绿色就业是巴西国民经济发展政策的核心。绿色就业是基于列表法得到确定，包括苗木生产管理、森林管理、回收循环、生物燃料生产等领域的就业（Peoples' Daily Online，2009）。自2009年以来，根据国际劳工组织—巴西关于"绿色就业计划"的协议（于2010年8月修订），国际劳工组织一直在联邦和州两级为绿色就业战略的制定和实施提供永久性的技术支持（ILO，2011）。国际劳工组织的工作值得赞誉，尤其是在巴伊亚和马托格拉索州通过体面工作议程开展的工作。

土耳其

在土耳其，只有公共部门才能获得绿色就业的机会。

土耳其没有正式的关于绿色就业的官方定义。然而，若干研究（如BETAM，2010）和土耳其统计局（TurkStat）已对该问题进行了讨论。土耳其统计局提供了公共部门（并非整体经济）绿领雇员人数的数据。公共部门的绿领工作涉及能源、研发、环境保护、安全饮水、废水处理、废物管理、地表和地底水资源保护、减噪、生物多样性和自然景观保护、防止辐射等。

2013年，国际劳工组织启动了为期两年的项目，旨在评估绿色就业的发展潜力，并制定建议书，以帮助土耳其绿色战略的实施，尤其是为年轻人创造绿色就业岗位。2012年启动了"欧盟职业教育援助"项目，目的是提高供电部门年轻员工的职业技能。项目计划给1000名年轻人提供至少 45 天的职业培训或至少 15 天的学徒实习机会。他们还可以进入与绿色工作、环境保护和能效有关的车间实地参观学习。

中国

绿色就业具有较为可观的收入和较好的工作安全性。

中国对绿色就业进行了比较全面的研究（World Bank，2012；ILO，n. d；Libo，2012；Pan et al.，2011）。此外，目前的 2011~2015 年 5 年发展计划还包括绿色发展的内容。然而，中国没有提出正式的绿色就业定义。根据国际劳工组织的观点，绿色就业战略给中国的发展、就业创造、劳动安全和环境保护提供了双赢的解决方案。国际劳工组织认为绿色行业的就业与绿色就业的潜力取决于污染企业的结构重组，在此基础上分析绿色就业的模式和技能。选定的子行业创造就业的潜力可运用价值链评估法进行评估，而低碳经济和就业的经验分析旨在确定中国在经济转型期新增工作岗位和减岗的数量（ILO，n. d）。传统行业的绿色转型预期能创造绿色就业（如进一步减少能源密集型经济，Pan et al.，2011；World Bank，2012）。而世界观察研究（Pan et al.，2011）认为绿色就业主要源自经济转型，世界银行认为创造绿色岗位还有另外两个渠道：新兴绿色行业的发展和服务部门的扩张（World Bank，2012）。如果新兴行业排污低和排放温室气体低（如清洁能源，包括太阳能、风能、生物量、水力发电），就可视为绿色行业。服务业在国内生产总值中的比重上升有助于降低经济碳强度。此外，专业化服务有利于创造绿色就业岗位（如生态系统服务、碳资源管理服务、碳交易和合同能源管理）。中国具有发展绿色技术创造就业的巨大潜力，相比当前的非绿色技术就业，这些就业对于技术的要求更高，同时收入也更高。

绿色就业统计

由于绿色就业的定义模糊，很难获得关于这一具体就业形式规模的准确信息（参见欧共体 2009 年第 109～110 号文件中各种定义的讨论），因此缺乏各国绿色就业的可靠、综合、可比数据。此外，个别国家的时间序列是有限的，有时只能基于各种不同的定义展开工作。有些国家还未形成绿色就业的官方定义，但其统计局提供了一些数据。

这些研究使用了不同的方法论和各种评估手段。多数文献集中于创造的直接就业（如设备生产与维护），而对在供应链中创造的间接就业或诱导性就业的研究则显得略为粗略。间接就业是在供应链中创造的，而诱导性就业则是由直接或间接就业者的消费创造的。

创造净绿色就业伴随着受冲击企业的减岗，因此研究时应考虑该因素（c. f Schneck et al. , 2010）。地区、国家和国际层面的研究都对实施环境政策的净影响做了调查，并认为这种影响是积极的（ILO，2013a）。

根据早期的评估，2006 年有 230 多万个绿色就业岗位（全球受雇劳动力约为 18 亿人），包括可再生能源、建筑（提高建筑能效）、低碳交通和其他环境活动（UNEP，2008）。

已有评估表明在全球金融危机[12]期间，绿色就业岗位呈上升趋势，在国内生产总值中所占的比重大于占总就业岗位的比重。因此，创造绿色就业岗位可以推动经济增长。

欧盟及其成员国

欧盟制定的环境法规支持创造绿色就业岗位。

2002～2011 年，环境产品和服务部门创造了大量的就业岗位（300

万~400万个），其中包括经济衰退期的20%（Eurostat，2014）。

同期，资源生产力显著提高（2000~2011年为20%）。持续增长的趋势将使资源生产力进一步提高（2030年提高30%），这将使一些国家国内生产总值提高1%，同时创造约200万个工作岗位（EC，2014：4）。

在部门层级，对绿色就业岗位（水、旅游、废物预防和管理）还有单独的评估。据估计，欧洲水务部门每提高1%的增长率就能创造1万~2万个就业岗位（Ecroys，Acteon，2014）。Natura 2000自然保护区的旅游和娱乐业将创造800万个岗位（占欧盟总就业的6%）（Bio Intelligence Service，2012）。实施废物预防与管理的法规预计将创造40多万个岗位（Bio Intelligence Service，2012），而拟议的审查又将创造18万个就业机会（EC DG Environment，2014）。

能效政策的执行需要提高400多万名员工的技能，而进一步利用可再生能源则有望在生物质和生物燃料部门、农业和林业部门创造就业机会。

表1.1说明了欧盟不同环境领域的就业分布情况。"废物"循环领域就业率最高（就业人数达到130万~140万人）。2000~2008年，就业率增幅最大的是"回收利用"与"可再生能源"部门，分别为78.15%和75.10%。可再生能源行业在就业中的绝对份额相对较低，尽管其增长率位居第二。

表1.1　2000~2010年欧盟环境就业总人数

单位：人，%

	2000年	2008年	2010年	2000~2008年增长率（%）	2000~2008年总增长率（%）
空气	33668	30816	29598	-1.10	-8.47
废水	390138	418324	417002	0.88	7.22
废物	1111613	1361160	1339923	2.56	22.45
土壤和地表水	14460	21111	21029	4.84	46.00
噪声	11688	9005	8018	-3.21	-22.96

	2000 年	2008 年	2010 年	2000 ~ 2008 年增长率 （%）	2000 ~ 2008 年总增长率 （%）
生物多样性和景观格局	40123	47746	53025	2.20	19.00
其他	144861	180399	177309	2.78	24.53
供水	375981	367943	348481	-0.27	-2.14
回收利用	238774	425373	480056	7.48	78.15
可再生能源	160136	280394	568002	7.25	75.10
总计	2521442	3142271	3442443	2.79	24.62

资料来源：Ecorys（2012：29）。

然而，各研究的估值差异很大（见表 1.2）。可再生能源部门的就业数据差异最大，2000 年的就业评估数字相差 2.2 倍（49756 个相比160136 个就业岗位），其次是噪声部门（4176 个与 11688 个，即 1.8 倍）。2008 年的评估数字差相对较小；供水部门的数字差最大（703758 个与357943 个就业岗位相比，几乎翻倍），可再生能源部门是 1.7 倍（280394个相比 167283 个就业岗位），航空部门是 1.6 倍（30816 个相比 19076 个就业岗位）。

表 1.2　2000 ~ 2008 年新、旧就业数据对比

单位：人，%

	埃科里斯和国际数据 交换协会的研究			最新研究：更新的 EPE		
	2000 年	2008 年	2000 ~ 2008 年增长率	2000 年	2008 年	2000 ~ 2008 年增长率
空气	22600	19067	-2.1	33668	30816	-1.10
废水	253554	302958	2.3	390138	418324	0.88
废物	844766	1446673	7.1	1111613	1361160	2.56
土壤和地表水	14882	18412	2.7	14460	21111	4.84
噪声	4176	7565	7.7	11688	9005	-3.21
生物多样性和景观格局	39667	49196	2.7	40123	47746	2.20

续表

	埃科里斯和国际数据交换协会的研究			最新研究：更新的 EPE		
	2000 年	2008 年	2000 ~ 2008 年增长率	2000 年	2008 年	2000 ~ 2008 年增长率
其他	129313	193854	5.2	144861	180399	2.78
供水	417763	703758	6.7	375981	367943	- 0.27
回收利用	229286	512337	10.6	238774	425373	7.48
可再生能源	49756	167283	16.4	160136	280394	7.25
总计	2005763	3421103	7.0	2521442	3142271	2.79

资料来源：Ecorys（2012：29）。

不同文件对绿色就业的分类不同：环境产品和服务部门的就业（根据欧盟统计局的定义）和生态行业的就业（根据经济合作与发展组织的分类），涉及以下两大类：

- 可再生能源、废物回收、环境审计和咨询领域的小型和创新型企业；
- 为特定领域，如废物、废水处理和交通领域提供产品和服务的资本密集型企业。

表 1.3 按行业汇总了欧盟的绿色就业岗位情况。

英国目前没有提出明确的绿色就业定义（HM Government，2011：34）。至今还很难掌握相关的可靠信息（Walsh，2013）。

英国能源与气候变化发展部（DECC）估计到 2015 年绿色交易供应链将创造 10 万个就业岗位（DECC，2011：2）。

环境产品和服务部门正处于发展中。2004 年，环境产品和服务部门的产值约为 25 亿英镑，1.7 万家企业约提供 40 万个岗位。政府预测 2010 年英国环境产品和服务行业的产值将达到 340 亿英镑，到 2015 年将增长到 460 亿英镑，同期就业人数至少增长 10 万人（Forum for the Future，2006）。

表 1.3　按行业划分的欧盟绿色就业岗位

绿色部门	现存的绿色就业岗位（2007年、2008年、2009年、2010年、2012年）	就业岗位（个）/欧元投资额	潜在绿色就业的机会创造的机会（2020年）	潜在绿色就业的机会创造的机会（2030年）	潜在绿色就业创造的机会（2050年）	其他数据
生态	2008年290万~360万个					
	2008年与环境管理活动相关1245614个					
节能建筑	欧盟建筑保温行业232050个	25900个总岗位/10亿欧元投资	261400~378000个新岗位			如果环保翻新率提高4%，每年将新增25万个就业岗位
可再生能源	2010年1114210个	52700个总岗位/10亿欧元投资	270万个（达到可再生能源目标的20%）	440万个（达到可再生能源目标的45%）	610万个（达到可再生能源目标的100%）	
可持续交通	城市交通900000个	21500个总岗位/10亿欧元投资				单位公共交通投资创造的就业岗位比新建桥梁、道路多70%
	铁路货物与乘客运输900000个					
	可持续交通210万个					
有机农业	2009年22000~26000个制造商	6600个总岗位/10亿欧元投资				每公顷创造的就业岗位比传统农业多10%~20%

续表

绿色部门	现存的绿色就业岗位（2007年、2008年、2009年、2010年、2012年）	就业岗位（个）/欧元投资额	潜在绿色就业机会的创造（2020年）	潜在绿色就业的机会创造（2030年）	潜在绿色就业的机会创造（2050年）	其他数据
	2008年197000个建筑商					
生物多样性保护		29000个总岗位/10亿欧元投资				
废物	2008年约200万个：废物管理1466673人，回收利用512337人	21300个总岗位/10亿欧元投资	2400000个岗位			回收10000吨废物将比焚化（填埋沉积）多创造6~12(25)个就业岗位
回收利用			2963000个岗位			

资料来源：吉尔等（2013：17）。

2010～2011 年，低碳及环境产品和服务的数据说明它们的增长实际上被低估：绿色就业岗位个数占英国全部就业岗位个数的 3.2%，即939625 个。从地理位置分布看，伦敦的绿色就业人数最多（占所有绿色就业人数的 17.4%），而绿色就业人数占比最高（4%）的则是爱尔兰（见表 1.4）。2007 年以来，绿色就业岗位增加了 58000 个，增幅约7%。这种适度增长是非常重要的，主要是因为它发生在经济负增长期。绿色行业是全球金融危机时期极少数几个增长的领域之一。

表 1.4　英国绿色就业岗位的地理分布（2010～2011 年）

地域	就业岗位（个）	占所有绿色就业岗位个数的百分比（%）	占全部就业岗位个数的百分比（%）
英格兰东部	86885	9.2	3.0
伦敦	163841	17.4	4.2
东南	119858	12.8	2.9
东北	38793	4.1	3.5
西北	93909	10.0	3.0
西南	77721	8.3	3.1
中西部	77311	8.2	3.2
中东部	62512	6.7	2.9
约克郡和亨伯赛德	67872	7.2	2.8
苏格兰	77703	8.3	3.1
威尔士	41506	4.4	3.1
北爱	31714	3.4	4.0
英国	939625	100	3.2

资料来源：Walsh（2013：2）。

到 2017 年，英国可能会有多达 130 万人从事绿色工作。因此，需要应对下述领域出现的绿色技能短缺的问题：

- 计划和项目管理；
- 建设项目管理；

- 研发；

- 绿色建设——吸引和留住高级人才；

- 新核能建设——招收和培训员工以确保英国能源的未来，政府希望核工业及核能技术和劳动力发展能成为国际实践的典范；

- 钢架固定和安全案例撰写；

- 通过强调可再生能源的发展潜力，吸引新人从事科学、技术、工程和数学职业；

- 可再生能源部门。

在丹麦，甚至在国家试图对绿色就业情况进行评估之前，大多数现有国际文献在评价国内生产总值比重及与"绿色"活动相关的就业情况时，都将丹麦排在较前的位置。

早期评估聚焦于污染及资源管理行业（也称为生态行业）相关活动创造的直接和间接就业岗位。直接就业涉及与设备使用和维护或环境产品和服务的供应及环境设施设备或设施生产相关的工作。间接就业则涉及为环境设备和服务部门提供中间产品的工作。据此定义，2000年在丹麦，与生态有关的就业人数估计达到8.2万人。其中约一半人从事污染管理工作（Madsen，2009）。

2006年，丹麦绿色就业评估结果首次被公布。随后，2009年根据"环境产品和服务行业"的定义，更为全面的绿色经济体就业评估概况被公布（Eurostat，2009）。全职雇员为12万人，约占私营企业总就业人数的9%。其他报告也提及了相似的评价结果（cf. the overview in Konsulenterne，2011）。根据欧盟统计局的统计方法指南（2009），丹麦能源部（Energistyrelsen）发布了丹麦绿色经济规模全国调查结果（Danish Energy Agency，2012）。[13]然而，该方法只涉及私营企业。为促进可持续能源（生物量、风力、潮汐和太阳）的发展以及交通节能、家庭供热、下水道和饮用水设施改造，每年投资37亿欧元估计可创造5万个就业岗位，其中 2.8 万个岗位与上述部门拟定的活动直接相关。向主要投资方提供产品和服务的其他部门又创造了 2.2 万个就业机会。这一间接影响是根据丹麦国民账户的投入产出表计算得出的（Fagligt Faelles Forbund，2009：5）。业界未对为项目创造额外收入的补充就业机会做出评价。

劳动力流动经济委员会的一份类似研究报告评估了公共投资绿色经济一揽子计划对宏观经济和就业可能产生的影响。投资计划总计 100 亿丹麦克朗（13 亿欧元），拟投资公共建筑与交通运输领域的节能创新产业。2010 年，估计可创造 1 万个全职就业岗位，包括考虑了直接、间接和额外收入在内的影响。该估算是基于投入产出表和丹麦宏观计量经济模型 ADAM，后者也为财政部所使用。投资计划对公共预算产生的净影响是将使财政赤字增加 50 亿丹麦克朗（7 亿欧元）。考虑到就业率上升将导致税收和失业救济金储蓄增加，这笔赤字相当于投资计划最初一半的成本支出。

2005～2010 年，绿色生产行业就业率回落 6%。然而，该比例还是比私营企业就业总下降率低。

最后，报告还反映了绿色部门就业人员与其他部门就业人员薪金水平差距较大。2010 年，绿色行业平均薪金水平比其他所有企业平均水平高 9%。

美国

2011 年美国绿色就业占总就业的 2.2%，明显小于潜在数字。

有很多研究对美国绿色就业的情况进行了评估。这些研究使用的方法论不同，因此它们之间没有可比性。

表 1.5 和 1.6 呈现了美国政府数据的两个来源：商务部（2010 年开始，显示 2007 年的数据）和美国劳工统计局的数据（2010 年和 2011 年）。

根据美国劳工统计局的数据，2010 年和 2011 年绿色就业岗位分别为 310 万个和 340 万个。美国劳工统计局拟建立动态就业数据库以了解就业趋势的变动。然而，因美国劳工统计局削减预算最终终止了对绿色就业数据的收集。

表 1.5　按行业划分的美国绿色经济规模（2007 年）

行业部门	就业（千人）		占整个工业部门的份额（%）	
	狭义	广义	狭义	广义
农业	4	4	0.3	0.3
建筑业（绿色建筑和服务）	224	304	3.0	4.1
制造业	197	241	1.5	1.8
服务业	1396	1833	1.5	1.9
全部部门	1821	2382	1.5	2.0

资料来源：美国商务部（2010）。

2011 年，绿色产品和服务就业岗位个数占总就业岗位个数的 2.6%，比 2010 年多 0.1 个百分点（或多 157746 个就业岗位）。大部分就业集中在私营企业，其中制造、建筑、交通和垃圾处理服务行业的岗位最多。2010 年，公共部门有 86 万个绿色岗位，占公共部门就业岗位个数的 4%。地方政府提供了一半以上公共部门的就业岗位，多数集中在交通和仓储部门，包括公共交通系统运营部门。

2011 年，绿色产品和服务就业岗位个数占私营企业就业岗位个数的 2.3%（2515200 个绿色产品和服务就业岗位）和公共部门就业岗位个数的 4.2%（886080 个绿色产品和服务就业岗位）。

私营建筑行业增长最快（提供 101932 个就业岗位），从 7% 增加到 8.9%，2011 年达到 487709 个绿色产品和服务就业岗位。在该部门内开展的绿色产品和服务活动包括可再生能源电厂建设及对减少家庭能源消耗的防风雨改造项目。

制造部门的绿色产品和服务就业岗位个数最多（507168 个），占制造业就业岗位个数的 4.3%。制造业提供的绿色产品和服务产品有回收循环再制造的钢铁、达标的空调、冰箱、混合动力汽车和排污设备。绿色产品和服务就业主要集中在提供有利于环境和自然资源保护的产品和服务的企业。

2011 年，贸易部门提供了 223079 个绿色产品和服务就业岗位（占贸易部门就业岗位的 1.1%）。贸易行业增加了 17512 个绿色产品和服务就业岗位（一年内增加了 8.5%），这些岗位与经营可循环材料的商家及旧物回收有关。

2011 年，休闲和餐饮服务行业提供了 23696 个绿色产品和服务就业岗位，即增加了 3054 个绿色产品和服务就业岗位（一年内增加 14.8%）。

2011 年，交通和仓储部门的绿色产品和服务就业岗位个数从 242137 个下降到 238755 个，下降了 3382 个，降幅 1.4%。

2011 年，公共事业单位有 71129 个绿色产品和服务就业岗位（占民用事业单位总就业岗位个数的 12.9%），主要集中于供电部门（包括核能、风能、生物能、地热能、太阳能和水力发电）。

2011 年，公共部门提供了 886080 个绿色产品和服务就业岗位（占本部门就业岗位个数的 4.2%）。这一年里，政府绿色产品和服务就业岗位个数减少了 14890 个（－1.7%）。2011 年，地方政府提供了 424201 个绿色产品和服务就业岗位，大多数集中在公共部门，占地方政府就业岗位的 3.1%。地方政府的交通和仓储部门绿色产品和服务就业岗位个数最多，高达 209063 个。

2011 年，州政府提供了 248539 个绿色产品和服务就业岗位，占州政府就业岗位个数的 5.5%。州政府的公共管理部门绿色产品和服务就业岗位个数领先其他部门，达到 164952 个。环境执法和环境项目管理是公共管理领域里典型的绿色产品和服务活动（见表 1.6）。

表 1.6　美国绿色产品和服务就业岗位（2010 年和 2011 年）

行业部门	绿色产品和服务就业岗位（个）		绿色产品和服务就业岗位百分比（%）		绿色产品和服务就业岗位的变化（个）
	2010 年	2011 年	2010 年	2011 年	2011 年比 2010 年
所有	3243533	3401279	2.5	2.6	157746
所有私营	2342562	2515200	2.2	2.3	172638
自然资源与采矿	63344	64689	3.5	3.4	1345
公共事业	69031	71129	12.5	12.9	2098
私营建筑	385777	487709	7.0	8.9	101932
制造	492985	507168	4.3	4.3	14183
贸易	205567	223079	1.0	1.1	17512
交通和仓储	242137	238755	6.1	5.9	−3382
信息	33321	29412	1.2	1.1	−3909
金融	462	475	0.0	0.0	13
专业、科学、技术服务	355386	381981	4.8	5.0	26595
企业管理	62630	69310	3.4	3.6	6680
废物管理	330650	335417	4.5	4.3	4767
教育和医疗服务	28789	26123	0.2	0.1	−2666
休闲和餐饮	20642	23696	0.2	0.2	3054
除公共管理外的其他服务	51841	56257	1.2	1.3	4416
联邦政府	208744	213340	7.0	7.5	4596
州政府	256224	248539	5.6	5.5	−7685
地方政府	436002	424201	3.1	3.1	−11801

资料来源：美国商业、创新与技能部（2012）。

从州层面上看，2011 年有 10 个州提供了约 17 万个绿色产品和服务就业岗位：加州（360245 个，占本州就业岗位个数的 2.5%）、纽约（266308个）、得克萨斯（227532 个）、宾夕法尼亚（167397 个）、俄亥俄（137143个）、伊利诺伊（136447 个）、佛罗里达（117433 个）、北卡罗来纳（108094

个）、弗吉尼亚（107773 个）和华盛顿（101593 个）。

哥伦比亚绿色产品和服务就业率最高，达到 5.1%。俄勒冈位居第二，达到 4.3%。

2011 年，多数（56.5%）绿色产品和服务就业岗位分布在专门提供绿色产品和服务的部门。这些部门提供了 1923251 个绿色产品和服务就业岗位。同期，绿色及非绿色产品和服务企业提供了 1478029 个绿色产品和服务就业岗位。提供非绿色产品或服务（在这些部门没有与绿色产品和服务相关的收入和工作）的企业占提供绿色产品和服务企业的 67.1%。

美国劳工统计局实时跟踪布鲁金机构的研究（Muro et al.，2010），估计有 270 万美国人受雇于清洁部门。相比于其他行业来说，清洁行业比化石燃料或生物科学领域需要更多的劳动力，但对劳动力的需求小于信息技术领域。

美国对绿色就业岗位数量的评估比较保守，每年有 300 万～400 万个绿色岗位，其中能源部门的岗位个数为 28.8 万～39 万个，建筑业的岗位个数为 130 万～180 万个，交通部门的岗位个数为 120 万～160 万个，制造业的岗位个数为 25.1 万～34 万个（Millennium Institute，2012a）。量化主要基于以下假设，即每个国家 2% 的国内生产总值投资于四个关键行业，时间期限是 1～5 年。对于每个行业和国家而言，评估得出的就业数据作为关键指标用于分析绿色经济政策及投资产生的影响（Millennium Institute，2012b）。

日本

2011 年日本创造了 220 万个绿色就业岗位，预计 2020 年将翻倍。据估计，1994～2000 年日本的建筑行业和环境研究部门可分别创造1.8万个和1.7万个绿色就业岗位。根据日本环境保护部门的信息，这些部门投资将达到9.59亿美元，就业岗位预计年增长率为8%（Nah-mo，2010）。

2003年，环境省估计环境行业2000年提供了76.9万个岗位，相当于总就业岗位的1.2%。相比于公共环境管理部门7.6万个的就业岗位，2006年与环境有关的私营企业就业量达到140万个（Japan Ministry of the environment，2013）。

2009年，环保企业，包括可再生能源部门和节能家用电器生产商，雇用了约140万人，创造价值约70万亿日元（约合7458亿美元）（Kubota，2009）（见表1.7）。

自2010年以来，环境省每隔6个月发布一次关于环境产业市场规模的信息。调查数据表明2011年其市值增加约82万亿日元（比2010年上升2.3%），就业人数也由2010年的225万人上升到2011年的227万人。

表1.7　2000~2011年个别年份日本的环境就业情况

年份	就业量（万人）	创造价值（万亿日元）
2000	80	30
2009	140	70
2010	225	80
2011	227	82
2020（预计）	440	100

资料来源：作者对Sumikura（2009）和Capozza（2011）资料的收集、整理。

根据新发展战略计划扩大环境友好型企业的规模，包括到2020年雇用220万个劳动力，创造价值100万亿日元（约合1万亿美元）（Kubota，2009）。

按照这种发展规模，各部门劳动力资源必须重组，而且要认真评估净就业带来的影响，同时劳动力市场和教育政策应考虑新技能培训以适应更为绿色的技术、生产和劳动方式的需要。环境省指出 2010～2011 年，某些环境部门的就业人数可能会减少（如废水处理和可再生能源）。[14]

澳大利亚

澳大利亚 20% 的绿色就业集中于可再生能源部门。

据澳大利亚保护基金会统计，六大行业（可再生能源、能效、可持续水系统、生物材料、绿色建筑和废物回收）可被视为绿色部门。2008 年，六大行业雇用了 11.2 万个绿领工人（ACTU，2008）。其中几乎 20%（约 2.1 万人）集中在可再生能源部门。尽管采用的是"环境和农业科学家"及"职业健康与安全专业人士"的大分类法，但根据教育部和就业劳动关系部（2008）的报告，这些行业 2007 年雇用近 30 万个劳动力，较之前的 5 年增长了 3500 人，未来工作前景较好（Australian Department of Education，Employment and Workplace Relations，2008）。

澳大利亚政府科学和产业研究协会 2008 年《发展绿色经济的报告》指出，支持环境可持续发展的政策纲领可以使与环境保护和发展有关的企业在未来 10 年创造 23 万～34 万个新就业岗位。到 2030 年，估计还能增加 77 万个岗位，主要集中在清洁能源、公共交通和可持续土地管理部门。另一种关于绿色就业人数估计的观点来自对就业机会的预测。澳大利亚政府与绿色就业有关的活动主要集中在技能开发，而不是创造绿色就业。2009 年，联邦、州和地区政府签订了澳大利亚绿色技术协议，目的是加强国家职业教育和培训（VET）部的能力培养。在协议框架下，所有行业新学徒工必须参加相关培训。2010 年 1 月以后的毕业生将掌握一系列绿色核心技能。2010 年底毕业的碳行业 3 万名学徒工将获得清洁和绿色技能证书。这意味着所有行业的新学徒工都必须掌握一套绿色核心技能。另外，碳行业至少 3 万个岗位应成为绿色岗位。此外，2010 年 1 月至 2011 年 12 月，环境恢复和保护部门及新兴绿色发展行业将获得为期 26 周的岗位补助（7960 万澳元），雇用 1 万名年龄在 17 ~ 24 岁的失业青年（OECD，2012）。

加拿大

加拿大绿色就业占总就业的 4%，多数年轻人就职于废物管理和科学部门。

尽管尚未确定绿色经济的官方定义，加拿大环境职业协会（ECO Canada）利用全国就业数据和劳动市场发展趋势确立了该工作的定义。

这些数据显示在过去 20 年中，绿色就业增长了 10 倍。2013 年，加拿大提供了 73 万多个绿色岗位，占总就业的 4%。[15]

与 2010 年相比，绿色环境方面的专业人士增加了 7%（ECO Canada，2013）。几乎 90% 的环境雇员集中在以下 5 个行业：

- 行政和支持，废物管理和咨询服务（25.1%）；
- 专业、科学和技术服务（22.4%）；
- 批发和零售（13.9%）；
- 其他服务（13.8%）；
- 制造（13.7%）。

据估计，加拿大 46 万个部门（加拿大总部门的 19.6%）至少每个部门雇用一名环境方面的工作人员（比 2010 年增长 17%）。

平均而言，加拿大环境方面的工作人员年龄稍偏小，有良好的教育背景、经验和责任感。约 2/3（67%）的人员在 37 ~ 54 岁，超过 1/3（36.6%）的人至少拥有一个学士学位和一份管理工作，而只有约 1/4（25.2%）的人从事初级或低级水平的工作（ECO Canada，2013）。

韩国

韩国70%的绿色工作人员具有高级技能水平。

自2006年以来，韩国每年都公布绿色就业评估数据（见表1.8）。2006年的数据反映了环境行业的就业情况：2006年环境行业总就业人数为390406个，其中178174个岗位（45.6%）直接与环境领域的活动有关（Lee et al.，2010）（见表1.8）。

表1.8 2006～2014年个别年份韩国的就业和绿色就业情况

单位：人，%

	2006年	2007年	2009年	2012年	2013年	2014年
总就业人数	n/a	23749643	24000000	n/a	n/a	n/a
绿色就业人数	178174	285382	610000	502382	480000	810000
百分比	n/a	1.21	2.5			
与绿色有关的就业人数	212222	1066360	n/a		1420000	n/a
百分比	n/a	4.49	n/a			

注：n/a为无数据。下同。
资料来源：作者对Lee等（2010）和Chang等（2011）资料的收集、整理。

根据国家标准和职业国家标准，劳工部估算了2007年的绿色就业量。共有169个行业（3位代码），139个行业（4为代码）中有47个行业和53个职业与绿色经济有关。此外，如果把与绿色产业间接相关的产业包含在内，73个产业和114个职业都可归入绿色范畴（Lee et al.，2010）（见表1.9）。

表1.9 韩国按部门划分的绿色就业与绿色有关的就业情况（2007年）

单位：人，%

	总计	农业、渔业、矿业	制造业	服务业
总就业人数	23749643	1913515	4144775	17691353

续表

	总计	农业、渔业、矿业	制造业	服务业
绿色就业量	285382	10578	114157	161647
百分比	1.21	0.55	2.75	0.91
与绿色有关的就业人数	1066360	23948	519338	523074
百分比	4.49	1.25	12.53	2.96

资料来源：Lee et al.（2010）。

据估计，70%以上从事绿色工作的人都具有高级技能。在与绿色相关的工作中，42%的人拥有中级技能，40.4%的人拥有高级技能。因此，绿色工人的工资可能会更高。

劳工部还预测了2007～2013年按行业划分的绿色就业岗位的发展前景（见表1.10）。

据预测，农业中与绿色和绿色相关的就业机会将减少，而制造业和服务业的就业机会预计将增多。总的来说，净影响为积极的可能性将占上风（减少163个就业岗位，增加31294个就业岗位）。

表1.10　2007～2013年个别年份按行业划分的绿色就业岗位的发展前景

单位：人，%

		2007年	2008年	2009年	2013年	增加/减少	年均增加/减少	年均增长率
绿色就业	农业、渔业、矿业	10578	12690	9855	10145	-163	-27	-0.3
	制造业	114157	117293	145835	145835	31678	5280	4.6
	服务业	169756	183965	325840	325840	156084	26014	15.4
	总计	294491	313948	481530	482090	187599	31267	10.6
与绿色相关的就业	农业、渔业、矿业	23948	26434	26216	26216	2268	378	1.4
	制造业	519338	537774	606737	696737	177397	329567	5.7
	服务业	523074	551248	790778	790778	267704	44617	8.5
	总计	1066360	1115456	1423731	1513731	447371	74562	7.0

资料：Lee et al.（2010：51）。

韩国政府对基于标准行业分类 2009 年进行估算。该分类确定了 164 个工业子部门，其中包括绿色就业。"绿色工作"共有 101 个职业类别，分为五大类（Chang et al.，2011）（见表 1.11）。

表 1.11　韩国绿色就业的构成情况（2009 年）

单位：万个

部门	就业岗位
能源	2.4
节能	5.4
行业和空间绿色化	25.1
环境保护和循环资源	10.2
低碳经济活动	17.9
总计	61.0

资料来源：作者对 Chang 等（2011）资料的收集、整理。

据估计，2009 年绿色就业岗位总数为 61 万个，占就业岗位总数的 2.5%。[16]其中，"能源"部门提供 2.4 万个绿色就业岗位；"节能"部门 5.4 万个；"行业和空间绿色化"部门 25.1 万个；"环境保护和循环资源"部门 10.2 万个；"低碳经济活动"部门 17.9 万个（见表 1.11）。

然而，同一项研究为绿色就业的发展提供了不同的估计结果：至 2012 年，预计环境领域将创造 8000 个就业岗位，风能和太阳能领域将创造 3.5 万个就业岗位。

到 2012 年，可再生能源部门新增就业岗位个数为 10 万个，节能部门新增 10 万个，资源消耗部门新增 1.7 万个，绿色就业岗位总数达 2 万个。到 2030 年，仅可再生能源产业就有望创造 95 万个新就业岗位。不同研究者关于韩国就业人数和增长率的比较见表 1.12 所示。

根据绿色就业类型和研究本身的不同，这些研究估计年增长率在 5%～9%。由于使用了绿色和绿色相关就业的不同定义，因此估计的就业总数差异很大。根据 Chang 等（2009），2009～2013 年，绿色就业岗

41

位平均增长率约为 6%，2013 年绿色就业岗位个数预计达 81 万个。预计 4 年内将创造 20 万个新的绿色就业岗位。

表 1.12　不同研究者关于韩国就业人数和增长率的比较

单位：人，%

	增长率 （2009～2013 年）	新增 就业人数	2014 年 就业人数
绿色就业（Chang et al.，2011）	6	20000	810000
绿色就业（Lee et al.，2010）	9	136000	480000
与绿色相关的就业（Lee et al.，2010）	5	n/a	1424000

资料来源：作者对 Chang 等（2011）和 Lee 等（2010）资料的收集、整理。

据估计，2009～2013 年，绿色就业岗位个数将以每年 9.0%（3.4 万个）的速度增长，2014 年将达到 48 万个。据估计，与绿色相关的就业岗位将增加 5.0%（到 2013 年，估计总共将有 142 万个绿色就业岗位）。

因此，可得出以下结论：韩国的绿色就业统计数据将从改进中获益，这些改进有助于识别趋势并比较各种研究的结果。

墨西哥

在墨西哥，可再生能源到可持续旅游都是绿色就业。

墨西哥共有 181.5 万个直接环境工作岗位，2010 年约占岗位总数的 4.5%。

墨西哥缺乏与旨在减少碳排放和污染、提高能源和资源效率以及防止生物多样性和生态系统破坏的活动有关的定量就业数据。

在九项主要的绿色活动中，总劳动人口占比较大的环境就业部门是：可再生能源（22%）、回收（12%）、可持续建筑（11%）、可持续林业和再造林（8%）及清洁工业（7%）。环境就业率达到或低于 6% 的行业包括有机农业（6%）、可持续旅游业（2%）和政府部门（2%）。

巴西

农业、渔业、自然资源保护和旅游业的绿色就业潜力较大。

巴西 2008 年提供了 260 多万个绿色就业岗位，是国家总就业岗位的 6.73%。国际劳工组织的研究认为绿色工作包括苗木生产管理、林业管理、循环和生物燃料生产活动。

大量从事循环资源回收的人员不包括在内，因为他们没有社会保障，且面临健康风险。

基于开发自然资源和改善环境的考虑，某些部门如采矿、市场营销、建筑维修和使用、农业、畜牧、渔业和旅游的绿色就业尚有巨大潜力。这些部门将雇用约 580 万人。

土耳其

在土耳其，公共部门的绿色就业低于 1%。

土耳其统计局（TurkStat）的数据表明 2008 年公共部门绿领工人为 7557 人。其中 67% 的人专门从事与环境保护有关的工作，其余 33% 的人还有其他工作职责。1997～2005 年，绿领工作人数在上升，最高时达 1.45 万人，是公共部门的 0.4%（占总就业人数的 0.06%）。自 2005 年后，绿领工作人数下降的部分原因是农业服务总局被撤销，其职责移交给省/州行政部门。

国际劳工组织为期两年的项目研究结果（包括全国绿色就业评估）定于 2015 年公布，并将用于提出一项建议，为土耳其绿色就业战略的实施做出贡献。

中国

在中国，新兴绿色部门包括森林公园管理和旅游业。

能源、交通和林业是中国经济三大主要的绿色部门，这些部门使绿色就业成为可能。

扩大能源部门可再生能源生产（主要是太阳能、光电和风能）可以创造许多绿色就业岗位。2006～2010 年，中国太阳能光伏电站每年提供约 9200 个岗位（直接岗位 2700 个、间接岗位 6500 个）（见表 1.13）。

表 1.13　中国能源、交通和林业部门的绿色化情况（2006～2020 年）

单位：个

	2006～2010 年	2011～2020 年
太阳能光伏	9200	23050
直接	2700	6680
间接	6500	16370
风力	40000	34000
车辆	–	1200000
高铁	–	630000
直接	–	230000
间接	–	400000
北京城铁	–	437000
林业	1600000	1100000
新森林	–	1000000
森林公园	–	1000000
2020 年总绿色就业量	–	4500000

资料来源：作者对 Pan 等（2011）资料的收集、整理。

计划 2011～2020 年，平均每年增加 23050 个绿色就业岗位（直接岗位 6680 个、间接岗位 16370 个）。

中国的风电行业、电力生产和汽轮机制造行业，在 2006～2010 年平均每年创造 4 万个直接绿色就业岗位。预期中国风电行业 2011～2020 年，平均每年创造约 3.4 万个绿色岗位。相比传统发电站，风电行业的雇员每年的平均收入更高，拥有更好的工作环境及保护措施，安全性更高（ILS and Chinese Ministry of Human Resources and Social Security，2010）。

根据世界银行的预测，至 2030 年，在出口贸易中，尤其是与可再生能源和清洁能源汽车有关的绿色技术与服务的出口将增加 2290 亿～3950 亿美元，新增就业 440 万～780 万个（World Bank，2012：244）。

中国新能源汽车市场正在迅速发展。至 2010 年中期，中国大约有 5000 辆新能源汽车。2011～2020 年由于政府继续实施优先发展混合动力及电动汽车行业的政策，每年新能源汽车的产量可达 167 万辆，这将导致每年新增的绿色就业岗位约达 120 万个。

2011～2020 年，高铁的进一步发展平均每年可创造 23 万个直接和 40 万个间接就业岗位或每年制造 63 万个就业岗位。北京计划于 2015 年完成全长 660 千米的城际铁路建设（总投资 770 亿美元）。此外，2011～2020 年还将建设完成另一条城际铁路建设（总投资 690 亿美元）。这些措施将在 2020 年前每年新增 43.7 万个岗位。

据估计，仅 2010 年林业部门就雇用了多达 180 万名全职员工。2006～2010 年该部门平均每年提供 160 万个就业岗位。为实现 2020 年的目标，中国林业部门将于 2011～2020 年平均每年提供多达 110 万个直接与间接就业岗位。由于造林工作的临时性和短期性，这些就业不应被视为新增就业。造林后，需要进行林业管理以保护和维持新创建的绿色资本。这种管理具有长期性，因此到 2020 年森林公园部门又将创造 100 万个岗位。

中国在森林公园旅游方面也有很大的发展潜力，因为全国有 2000 多家森林公园。到 2020 年，这类新绿色部门可提供 39.2 万个直接就业岗位，60.7 万个间接就业岗位，或总数近 100 万个绿色就业岗位。

另一方面，由于农业生产率的提高，中国经济摆脱劳动密集型模式，农村失业率将持续增长。中国新兴绿色部门新的就业机会将有助于缓解许多传统经济部门减岗带来的社会负担。此外，能源效率的提高也可能导致减岗（能效提高 60% 将减岗约 1730 万个）。然而，低碳和服务部门的新增就业人数近 1000 万人，减少部分损失（Global Climate Network，2009）。

因为使用不同的方法论对绿色就业进行评估，所以仅将这些评估数据加总以推导中国绿色就业的总数也许并不合适。然而可以肯定地说能源、交通和林业这三个部门到 2020 年至少能提供 450 万个绿色就业岗位。

"绿色"经济活动创造出口和就业机会，但也意味着成本上升、结构重组、岗位裁减以及价格变化和生产转型。时间持续越久、跨度越大对就业的积极影响就越大，"绿色就业"定义的内涵也越丰富。预计中国政府将投入 5.8 万亿元（约 910 亿美元）用于节能技术升级改造、保护环境和以高新技术企业取代环境污染型企业。这在未来 5 ~ 10 年内可创造 1060 万个就业岗位。相反，减少经济污染部门又将导致减岗 95 万个。

虽然这些评估有些粗略，但证明了取舍权衡有利于绿色发展，同时能创造绿色就业。

结束语

关于绿色就业定义的争论仍未有结论。国际劳动统计局采用的绿色就业定义具体是指满足体面工作要求的环境部门的系列工作（ILO，2013b：31）。

然而，一些其他术语也被用于试图强调社会、经济和绿色就业的环境因素，如：

- 环境和体面；
- 绿色和体面；
- 绿色与可持续，意味着绿色就业并不体面。

由绿色化而创造的环境部门以外的就业可视为绿色就业与绿色职业（见表1.14）。

表 1.14　绿色就业与绿色职业

部门	绿色就业	绿色职业
	环保	非环保
就业特点	环保的、体面的、可持续的	绿色就业的结果
活动类型	环保活动	—
资源保护活动	用于生产/提供环保产品/服务	—
可交换使用的术语	高级技能工作 绿色和体面的工作	初级技能工作

资料来源：作者的收集、整理。

实证结果表明大部分绿领工作都是中等技术工作，需要高等专科教育背景。相较于其他部门，绿色生产企业的非技术工人的比例会稍低一些，技术工人比例略高一些。因此，低技术、低收入工人只要有机会参加培训，也可从事绿色工作。

从国家层面上看，研究方法存在很大差异。

某些国家将绿色就业包括在内，而有些方法则把它们与低碳行业活动联系在一起。不同概念的类似措辞导致定义混淆，使得跨国比较的数据变得不可靠。绿色就业有望创造绿色工作，改善社会福利，推动经济增长。

已有数据表明绿色就业岗位的数量正在增长。该趋势主要是多数国家环境执法力度加大、国际倡议持续不断、环境污染补救以及废物、水、空气和环保部门管理和监控的结果。然而，所提供的数据不完全与国际劳工组织给出的绿色就业定义一致，尤其是与能源部门相关的工作，还有其他部门（如旅游）的工作。绿色就业定义的体面内涵需不断更新丰富，这就需要结构重组和促进经济绿色化发展。

注　释

1. 这些国家是：美国、奥地利、阿塞拜疆、孟加拉国、巴西、柬埔寨、喀麦隆、埃塞俄比亚、印度尼西亚、约旦、尼泊尔、巴基斯坦、菲律宾、塞内加尔、南非和坦桑尼亚。

2. 这些国家是：澳大利亚、巴西、孟加拉国、丹麦、中国、马里、爱沙尼亚、哥斯达黎加、乌干达、法国、埃及、德国、印度、西班牙、印度尼西亚、英国、菲律宾、美国、韩国、南非和泰国。

3. 各种变量取决于具体的国家和部门。如国家层面没有绝对足额的工资，这取决于技能和部门。体面工作时间因部门（如制造业、服务和旅游业）而异。

4. 环境和经济会计系统能够产生环境及环境与经济相关的国际比较统计数据。环境和经济会计系统框架遵循类似于国家会计系统的会计结构（SNA），使用与国家会计系统会计结构一致的概念、定义和分类，以便整合环境与经济统计数据。

5. 应当注意的是经济合作与发展组织没有确定具体的绿色就业定义（OECD，2012：23）。

6. 埃科里斯是一家提供社会、经济和规模发展研究、咨询、管理和服务的国际企业。

7. 未来就业基金于 2009 年 10 月启动，目的是为劳动力市场处于劣势的失业年轻人（18～24 岁）提供资助性就业机会。官方统计数据表明 2009 年 10 月至 2011 年 3 月，未来就业基金项目创造了 10.5 万余个岗位，项目花费近 6.8 亿英镑（每个岗位约花费 6476 英镑）。

8. 例如绿色工作、环境工作、可再生能源工作和绿色工作在线网站，网址为：www. greenjobs. co. uk/，www. environmentjob. co. uk/jobs，www. renewableenergyjobs. com/uk，www. greenjobsonline. co. uk/。

9. 2007 年，范·琼斯创立了全民绿色组织，为美国联邦气候、能源和经济政策倡议游说。范·琼斯是《绿领经济》一书的作者，也是致力于为弱势社区提供绿色工作的全国性组织全民绿色组织的创始人（目前是董事会成员）。他是美国有线电视新闻网 CNN《交叉火力》的主持人之一，也是重建梦想的总裁（也是联合创始人），这是一家制订创新解决方案以修复美国经济的"智囊团"。范琼斯是《绿色就业法案》的主要倡导者，该法案是美国联邦立法中第一部将"绿色就业"一词编入法典的联邦法律，于 2007 年由乔治·沃克·布什签署成为法律。2009 年，他担任奥巴马白宫的绿色就业顾问。更多信息可见网络，网址为：van-jones. net。

10. 基于平衡预算与赤字控制紧急法案，美国劳工统计局不得不将预算削减 3000 多万美元，约为 2013 年支出的 5%。

11. 墨西哥 2011 年总就业人数达到 4050 万人，其中 66.5%（2693 万人）为非正式就业人员。

12. 根据联合国环境规划署（2008）的估计，2006 年全球有 230 万个绿色就业岗位。2012 年，仅欧盟的生态行业雇用的员工数就为 340 万人。

13. 各项调查结果差异约为 15%。估计绿色部门全职岗位为 10.54 万个，其中制造业 5.59 万个，服务业 4.6 万个，农业 0.35 万个。绿色就业总数等同于私有企业全部工作的 8.5%。制造业绿色岗位最多。绿色生产部门提供了 15% 的工作，农业占 12%，服务业占 6%。

14. 更多信息参见第二章的表 2.3。

15. 加拿大环境职业协会部使用了环境职业术语，即至少将有一半的工作时间用于从事与环境行业相关的活动。环境工作者被定义为至少用部分时间（往往不必一半时间）从事与环境相关活动的人。

16. 总就业人数为 2400 万人，失业率为 3.4% 。

References

ACTU（Australian Council of Trade Unions），2008. *Green Gold Rush: How Ambitious Environmental Policy can Make Australia a Leader in a Global Race for Green Jobs.* Australian Conservation Foundation. Online, available at: www. acfonline. org. au/sites/ default/files/resources/Green _ Gold _ Rush. pdf（accessed 20 November 2014）.

Asia Business Council，2009. *Addressing Asia's New Green Jobs Challenge.* Online, available at: www. asiabusinesscouncil. org/docs/GreenJobs. pdf（accessed 30 October 2014）.

Australian Department of Education, Employment and Workplace Relations, 2008. *Aus-tralian Jobs* 2008. Canberra.

Bahçeşehir University Center for Economic and Social Research（BETAM）, 2010. 'Tur-key's EU Accession to Increase Green Jobs and Employment'. In*Today's Zaman*, 4 April. Online, available at: www. todayszaman. com/business _ turkeys-eu-accession-to-increase-green-jobs-and-employment _ 206337. html（accessed 11 November 2014）.

BIO Intelligence Service, 2011. Estimating the Economic Value of the Benefits Provided by the Tourism/Recreation and Employment Supported by Natura 2000, Final Report prepared for EC-DG Environment.

Bowen, A. , 2012. ' "Green" Growth, "Green" Jobs and Labor Markets '. *Policy Research Working Paper* 5990. Washington: World Bank. Online, available at: http://elibrary. worldbank. org/doi/pdf/10. 1596/1813 – 9450 –

5990（accessed 4 December 2014）.

Cadogan-Cowper, A. and Johnson, T. , 2011. *Measuring the Green Economy.* Australian Bureau of Statistics. Online, available at: http://unstats. un. org/ unsd/envaccounting/lon-dongroup/meeting17/LG17_23b. pdf（accessed 5 December 2014）.

Capozza, I. , 2011. 'Greening Growth in Japan', *OECD Environment Working Papers*, No. 28, OECD Publishing. Online, available at: www. oecd-ilibrary. org/environment/greening-growth-in-japan_5kggc0rpw55l-en（accessed 20 October 2014）.

CEDEFOP（European Centre for Development of Vocational Training）, 2010. *Skills for Green Jobs Country Report*, *United Kingdom.* Online, available at: http://ilo. org/wcmsp5/groups/public/_ed_emp/_ifp_skills/documents/publication/wcms_142471. pdf.

Chang, Y. , Han, J. and Kim H. , 2011. *Green Growth and Green New Deal Policies in Korea: Are they Creating Decent Green Jobs*? A Paper for the GURN/ ITUC workshop on 'A Green Economy that Works for Social Progress' Brussels, Belgium, 24 – 25 October 2011. Online, available at: www. ituc-csi. org/IMG/pdf/Green_Growth_and_Green_New_Deal_Policies_in_Korea_ ECPI_. pdf（accessed 26 October 2014）.

Cruz Caruso, L. A. , 2010. *Skills for Green Jobs in Brazil.* Unedited background country. ILO. Online, available at: http://ilo. org/wcmsp5/groups/public/ –– ed_emp/ –– ifp_skills/documents/publication/wcms_142300. pdf（accessed 28 October 2014）.

Danish Energy Agency, 2012. *Green Production in Denmark-and its Significance for the Danish Economy.* Online, available at: www. ens. dk/sites/ens. dk/ files/policy/green-production-denmark-contributes-significantly-danish-economy/Green% 20produc-tion% 20in% 20Denmark% 20 – % 20web% 201112

12. pdf（accessed 21 November 2014）.

Development Research Center of the State Council, World Bank, 2013. *China 2030: Building a Modern, Harmonious, and Creative Society.* World Bank.

EC, 2011. *EU Environment Policy Supporting Jobs and Growth.* Luxembourg. Online, available at: http://ec. europa. eu/environment/enveco/industry_employment/pdf/facts_and_figures. pdf（accessed 16 November 2014）.

EC DG Employment, 2012. *The Jobs Potential of a Shift towards a Low-carbon Economy.* Online, available at: www. oecd. org/els/emp/50503551. pdf（accessed 28 September 2014）.

EC DG Employment, Social Affairs and Inclusion, 2013. *European Employment Observa-tory Review, Promoting Green Jobs throughout the Crisis: a Handbook of Best Practices in Europe.* Online, available at: www. google. hr/url? sa = t&rct = j&q = &esrc = s&source = web&cd = 1&ved = 0cdoqfjaa&url = http% 3a% 2f% 2fec. europa. eu% 2fsocial% 2fblobservlet% 3fdocid% 3d10295% 26langid% 3den&ei = 46iovly_g6nfygpnnikidg&usg = afqjcngzajw9m2yasfahurp _nyfomgvtfw&sig2 = 21laj-lgo6p-qfxm27h5xa&bvm = bv. 81828268, d. bgq& cad = rja（accessed 10 December 2014）.

EC DG Enterprise and Industry, 2014. *Study on the Competitiveness of the EU Renew-able Energy Industry, Policy Analysis and Sector Summaries.* Online, available at: http://bookshop. europa. eu/en/study-on-the-competitiveness-of-the-eu-renewable-energy-industry-pbnb0214951/? catalogcategoryid = fmek-abst_fqaaaej0pey4e5l（accessed 28 September 2014）.

EC DG Environment, 2014. *Impact Assessment for* 2014 *Waste Review.* Staff Working Documents. Online, available at: http://ec. europa. eu/environment/waste/target_review. htm.

ECO Canada, 2010. *Defining the Green Economy.* Online, available at: www. eco. ca/pdf/Defining-the-Green-Economy-2010. pdf（accessed 5 November 2014）.

ECO Canada, 2013. *Profile of Canadian Environmental Employment.* Online, available at: www. eco. ca/ecoreports/pdf/2013-Profile-Canadian-Environmental-Employment-ECO-Canada. pdf (accessed 10 October 2014).

Ecorys, 2009. *Study on the Competitiveness of EU Eco-industry.* Online, available at: http://ec. europa. eu/enterprise/newsroom/cf/itemdetail. cfm? item_id = 3769&tpa_id = 203&lang = en (accessed 5 November 2014).

Ecorys, Acteon, 2014. *Potential for Sustainable Growth in the Water Industry Sector in the EU and the Marine Sector-Input of the European Semester.* Project.

Ehmcke, W. , Philipson, G. and Kold-Christensen, C. , 2009. *Who are the Green-collar Workers?* Environment Institute of Australia and New Zealand. Online, available at: www. eianz. org/sb/modules/news/attachments/71/Green%20Collar%20Worker%20report%20Final. pdf (accessed 10 November 2014).

Emerson, M. , 2014. 'Green Jobs Grow as GFC Recedes'. *Sidney Morning Herald.* Online, available at: www. smh. com. au/business/green-jobs-grow-as-gfc-recedes-20141101-11fepz. html (accessed 2 December 2014).

Eurostat, 2014. *European Statistics.* Online, available at: http://ec. europa. eu/eurostat.

Fagligt Fælles Forbund, 2009. *Green Jobs: Examples of Energy and Climate Initiatives that Create Employment.* Cited in Madsen, P. K. , 2014. Employment in the Green Economy in Denmark-Statistics and Policies.

Feldbaum, M. , 2009. *Going Green: the Vital Role of Community Colleges in Building a Sustainable Future and Green Workforce.* National Council for Workforce Education and the Academy for Educational Development. Online, available at: www. fhi360. org/sites/default/files/media/documents/Going%20Green_The-vital-role-of-community-colleges. pdf (accessed 14 October 2014).

Ghani-Eneland, M. , Renner, M. and Chawla, A. , 2009. *Low Carbon Jobs for Europe, Current Opportunities and Future Prospects.* WWF. Online, available at: www. google. hr/url? sa = t&rct = j&q = &esrc = s&source = web&cd = 1&ved = 0cb4qfjaa&url = http% 3a% 2f% 2fassets. panda. org% 2fdownloads% 2fflow _ carbon _ jobs _ final. pdf&ei = jbipvntahsrrus _ 7glae&usg = af qjc-newcjubuzovho_hneqg4vv2vwazga&sig2 = qeb2yijbg1ub9_rb2nihvq&bvm = bv. 81828268, d. d24&cad = rja (accessed 2 December 2014).

Gil, B. M. , Sanchez Lopez, A. B. and Murillo, L. M. , 2013. *Green Jobs and Related Policy Frameworks: an Overview of the European Union.* Sustainlabour. Online, available at: www. sustainlabour. org/documentos/Green% 20 and% 20decent% 20jobs − % 20An% 20Overview% 20from% 20Europe% 20FINAL. pdf (accessed 12 November 2014).

Global Climate Network, 2009. *Low Carbon Jobs in an Interconnected World.* IPPR. Online, available at: www. ippr. org/publications/low-carbon-jobs-in-an-interconnected-world.

Globe Foundation, 2010. *Careers for a Sustainable Future: a Reference Guide to Green Jobs in British Columbia.* Online, available at: http://bcgreeneconomy. globeadvisors. ca/media/4858/globe_ green _ jobs _ guide _ final. pdf (accessed 28 October 2014).

HM Government, 2011. *Skills for a Green Economy, a Report on the Evidence.* London, UK. Online, available at: www. gov. uk/government/uploads/system/uploads/attach-ment_data/file/32373/11 − 1315-skills-for-a-green-economy. pdf.

House of Commons, 2010. *Green Jobs and Skills: Government Response to the Commit-tee's Second Report.* London. Online, available at: www. publications. parliament. uk/pa/cm200910/cmselect/cmenvaud/435/435. pdf (accessed 16 November 2014).

Huggins, L. (ed.), 2007. *Seven Myths about Green Jobs.* Online, available at: http://perc. org/sites/default/files/ps44. pdf (accessed 2 November 2014).

ILO, no date. *Green Jobs in China.* Online, available at: www. ilo. org/wcmsp5/ groups/public/ − − asia/ − − ro-bangkok/ − − ilo-beijing/documents/publica- tion/wcms_133679. pdf (accessed 9 November 2014).

ILO, 2011. *Green Jobs Country Brief Brazil.* Online, available at: www. ilo. org/ wcmsp5/groups/public/ − − dgreports/ − − integration/documents/publication/ wcms_149662. pdf (accessed 2 December 2014).

ILO, 2012. *Working towards Sustainable Development: Opportunities for Decent Work and Social Inclusion in a Green Economy.* Online, available at: www. ilo. org/wcmsp5/groups/public/ − − dgreports/ − − dcomm/ − − publ/docu- ments/publication/wcms_181836. pdf (accessed 1 November 2014).

ILO, 2013a. *Evaluation of the Potential of Green Jobs in Mexico.* Online, availa- ble at: www. ilo. org/wcmsp5/groups/public/ −− ed_emp/ −− emp_ent/docu- ments/publication/wcms_236143. pdf (accessed 1 November 2014).

ILO, 2013b. *Report of the Conference.* 19th International Conference of Labour Statisti-cians Geneva, 2 − 11 October 2013. Online, available at: www. ilo. org/wcmsp5/groups/public/ − − dgreports/ − − stat/documents/publication/ wcms_234124. pdf (accessed 10 October 2014).

ILO, 2013c. *Statistics of Work, Employment and Labour Underutilization.* Report for dis-cussion at the 19th International Conference of Labour Statisticians (Geneva, 2 − 11 October 2013). Online, available at: www. ilo. org/wcm- sp5/groups/public/ − − dgreports/ − − stat/documents/publication/wcms _ 220535. pdf (accessed 1 November 2014).

ILO, 2013d. *Sustainable Development, Decent Work and Green Jobs.* Report V. Online, available at: www. ilo. org/wcmsp5/groups/public/ −− ed_norm/ −− relconf/documents/meetingdocument/wcms_207370. pdf (accessed 10 October 2014).

ILS and Chinese Ministry of Human Resources and Social Security, 2010. *Study on Green Employment in China.* Beijing: ILO. Online, available at: www. ilo. org/wcmsp5/groups/public/ −−− asia/ −−− ro-bangkok/ −−− ilo-beijing/documents/publication/ wcms_155395. pdf.

Japanese Ministry of the Environment, 2013. *Estimated Market Size of Japan's Environ-mental Industries of* 2011 *and Report of Japan's Environmental Industry Growth Engine.* Online, available at: www. env. go. jp/en/headline/headline. php? serial = 1936 (accessed 1 November 2014).

Jones, V. , 2008. *Green-collar Jobs mean Standing up for People and the Planet.* Grist. Online available at: http://grist. org/article/memo-to-candidates/.

Katz, J. , no date. *Emerging Green Jobs in Canada: Insights for Employment Counsellors into the Changing Labour Market and its Potential for Entry-Level Employment.* Online, available at: http://ceric. ca/files/PDFs/Emerging% 20Green% 20Jobs% 20in% 20Canada. pdf (accessed 2 December 2014).

Konsulenterne, N. , 2011. *Green Employment: a Literature Survey for the Ministry of Employment.* Copenhagen.

Lee, S. Y. , Jin, M. S. and Song, C. Y. , 2010. *Skills for Green Jobs in the Republic of Korea.* Background country study. ILO. Online, available at: www. ilo. org/wcmsp5/groups/public/ −− ed_emp/ −− ifp_skills/documents/publication/wcms_142476. pdf (accessed 2 November 2014).

Libo, W. , 2012. *Green Jobs in China: Comparative Analysis, Potentials and Prospects.* Friedrich Ebert Stiftung. Online, available at: www. fes-asia. org/media/publica-tion/2012_Green_Jobs_Study_CHINA. pdf (accessed 1 November 2014).

Madsen, P. K. , 2009. *The Employment Dimension of Economy Greening, Denmark.* EEO Review. Aalborg: European Employment Observatory.

Madsen, P. K. , 2014. 'Employment in the Green Economy in Denmark-Statistics and Policies'. In Larsen, C. , Rand, S. , Schmid, A. and Keil, R.

(eds), 2014. *Sustainable Economy and Sustainable Employment: Approaches to measuring sustainability and local labour market monitoring.* Copenhagen: Rainer Hampp Verlag.

Millennium Institute, 2012a. *Millennium Institute Methodology.* Online, available at: www. ituc-csi. org/millennium-institute-methodology.

Millennium Institute, 2012b. *United States Country Profile.* Online, available at: www. millennium-institute. org/ (accessed 3 October 2014).

Muro, M., Rothwell, J. and Devashree, S., 2011. *Sizing the Clean Economy: a National and Regional Green Jobs Assessment.* Brookings Institute. Online, available at: www. brookings. edu/research/reports/2011/07/13-clean-economy (accessed 5 October 2014). Nahmo, G., 2010. 'Green Economics and Green Jobs: Implications for South Africa'. In Aravossis, K. and Berbbia, C. A., *Environmental Economic and Investment Assessment* II. Ashurst, UK: WIT Press: 257 – 269.

OECD (Organization for Economic Cooperation and Development), 2012. *The Jobs Potential of a Shift towards a Low-carbon Economy.* Online, available at: www. oecd. org/els/emp/50503551. pdf (accessed 3 December 2014).

Pan, J., Ma, H. and Zhang, Y., 2011. *Green Economy and Green Jobs in China.* World-watch Report. Online, available at: www. worldwatch. org/system/files/185% 20Green% 20China. pdf (accessed 29 October 2014).

Peel Halton Workforce Development Group, Toronto Workforce Innovation Group and Workforce Planning Board York Region, 2009. *Greening the Economy: Transitioning to New Careers.* Online, available at: http://durhamworkforceauthority. ca/wp-content/uploads/2012/10/Green _ Occupations _ Profiles _ Final _ 2011. pdf (accessed 20 November 2014).

People's Daily Online, 2009. Brazil over 2. 6 mln Green Jobs in 2008: ILO Report. Online, available at: http://en. people. cn/90001/90777/90852/6838181. html.

Rademaekers, K. , van der Laan, J. , Widerberg, O. , Zaki, S. , Klaassens, E. , Smith, M. and Steenkamp, C. 2012. *The Number of Jobs Dependent on the Environment and Resource Efficiency Improvements*. Rotterdam: Ecorys. Online, available at: http://ec. europa. eu/environment/enveco/jobs/pdf/jobs. pdf (accessed 2 December 2014).

Schneck, J. , Murray, B. C. , Gumerman, E. and Tegen, S. , 2010. 'Estimating the Employ-ment Impacts of Energy and Environmental Policies and Programs'. Duke Nicholas Institute, Workshop Summary Report. Online, available at: http://nicholasinstitute. duke. edu/sites/default/files/publications/estimating-employment-impacts-paper. pdf.

Reuters, 2009. *Japan Mulls Expanding Green Business Market*, *Jobs*. Online, available at: www. reuters. com/article/2009/01/07/idUST327766 (accessed 20 November 2014). UNEP, 2008. *Green Jobs: Towards Decent Work in a Sustainable*, *Low-carbon World*. Online, available at: www. unep. org/PDF/UNEPGreenjobs_report08. pdf.

US Conference of Mayors, 2008. *Current and Potential Green Jobs in the US Economy*. US Metro Economies. Online, available at: www. usmayors. org/pressreleases/uploads/GreenJobsReport. pdf (accessed 2 September 2014).

US Department of Labor, 2013. *Green Goods and Services News Release*. Online, avail-able at: www. bls. gov/news. release/ggqcew. htm (accessed 21 November 2014).

Walsh, K. , 2013. *Promoting Green Jobs throughout the Crisis. UK. European Employment Observatory*. Online, available at: www. eu-employment-observatory. net/resources/reviews/UK-EEO-GJH-2013. pdf (accessed 21 November 2014).

World Bank, 2012. *China* 2030. Online, available at: www. worldbank. org/content/dam/Worldbank/document/China-2030-complete. pdf (accessed 21 November 2014).

第二章 绿色经济

概 念

绿色经济的概念引起世界各国的高度关注，因为各国都在思考和探索经济、社会和环境可持续发展的新模式。

绿色经济这个术语首次出现在 1989 年题为《绿色经济蓝图》的英国政府工作报告中（UN，2012）。报告阐述了"可持续发展"的定义及其对经济发展的考量和对项目及政策评估的影响。除标题外，报告没有进一步提及绿色经济。

"绿色经济"的概念再次出现是在 21 世纪初，当时出现了几场全球性的综合危机（社会、经济和环境危机）。

2008 年，联合国环境规划署提出了绿色经济倡议，为绿色部门及绿色化资源投资提供政策支持与分析，并在应对全球多个危机的政策讨论中使用了绿色经济这个术语。作为绿色经济倡议的一部分，联合国环境规划署委托爱德华·巴比尔，即《绿色经济蓝图》的原作者，起草了一份题为《全球绿色新政》（GGND）的报告。《全球绿色新政》于 2009 年发布，提出了通过世界经济可持续发展刺激经济复苏的系列政策。该报告呼吁政府加大对绿色部门的绿色激励资金投入，并制定了三个目标：

- 经济复苏；
- 消除贫困；
- 减少碳排放和防止生态系统恶化。

报告还拟定了绿色激励项目的架构，以此作为经济复苏的手段。

虽然发起了多项倡议活动，但各国政府在《联合国气候变化框架公约》（UNFCCC）谈判中并未达成协议。如果公约阻碍经济发展和国际竞争，显然各国不可能承诺对该政策做出重大调整。

2010 年，联合国环境规划署全球部长级环境论坛代表团团长和部长们一致认为绿色经济"能够有效应对当前的挑战并给各国经济发展带来机遇和诸多利益"。联合国大会决议 64/235 明确了绿色经济在可持续发展和消除贫困方面的作用，成为"里约 + 20"峰会的主题之一，从此绿色经济在国际上引起了高度关注。许多报告试图进一步明确阐述这个概念（UNEP，2011；the UN Environment Management Group，2011；[1] UNCTAD and UNDESA，2011）。

"里约 + 20"峰会结果性文件《我们期望的未来》，敦促政府"通过多利益相关者协商的透明程序，制定本国的绿色经济发展战略"（第38 条）。文件指出绿色经济不是一套"严厉的规则"（第 27 条），必须支持发展中国家消除贫困（第 42 条）。

虽然做出了很大的努力，引起了世界各国的高度关注，但国际上并没有一致的关于绿色经济的定义。近期对绿色经济至少有 10 种不同的释义（见专栏 2.1）。

专栏 2.1　关于绿色经济的定义

　1. 绿色经济是通过大幅减少环境风险和生态退化，最终创造美好生活和实现社会平等的经济。它具有低碳、节能、社会包容性强的特点。

在绿色经济中，收入和就业增长应由公共和私人投资驱动。这些投资有助于减少碳排放和污染，提高能源与资源的效率，保持生物多样性，为生态系统提供服务（UNEP，2011）。

2. 绿色经济是与产品和服务的生产、分配与消费有关的经济活动体系，最终使人类生活更美好，同时不令子孙后代面临生态退化的环境风险（UNEP，2008）。

3. 绿色经济能最终实现社会平等、美好生活，不令子孙后代面临生态退化和环境风险。它寻求使降低环境风险的短期活动能带来长期的社会效益，以实现可持续发展为首要目标（UNCTAD，2011）。

4. 绿色经济是"提高地球生态系统内所有人生活质量的弹性经济"（Green Economy Coalition，2011）。

5. 绿色经济被描述为绿色经济增长和环境工作责任相互促进，推动社会发展进步的经济活动（International Chamber of Commerce，2011）。

6. 绿色经济不是一种状态，而是一种变化和动态发展的过程。它须去除目前主流经济系统性扭曲和功能失调的现象，最终为人类构建美好生活，实现人人机会均等，同时保护环境与经济的完整性以使人类能永久生活在地球上。经济不公平就不能称为绿色（Danish 92 Group，2012）。

7. 绿色经济很大程度上与新经济活动有关，必须为基础广泛的黑人经济赋权提供一个重要的切入点，满足女性及青年企业家的需求，为社会中的企业提供机会（Government of South Africa，2011）。

8. 绿色经济是聚焦镜，能把握机会同时推动经济与环境的发展（UNCSD，2011）。

9. 绿色经济是在社会公平、社会保障和体面工作条件下形成的对可持续发展与清洁技术的投资（ITUC，2012）。

10. 绿色经济是解决和纠正对环境产生的不良影响的重要和可持续办法，特别是在当经济快速发展，资源面临枯竭时（UAE Ministry of the

Environment and Water, 2013）。

资料来源：作者的收集、整理和欧盟（2012）。

如上所述，联合国环境规划署将绿色经济定义为"通过大幅减少环境风险和避免生态退化，最终创造美好生活和实现社会公平的经济。绿色经济具有低碳、节能和社会包容性强的特点"。由绿色经济同盟（非政府机构集合、交易联盟及其他）提出的另一定义将绿色经济描述为"为地球生态系统内所有人提供高质量生活的弹性经济"。还有一些定义采用的是"列表法"，即认为绿色经济是由一系列提供环境期待型产品的企业经济活动构成，使用的是经济合作与发展组织/欧盟统计局对环境产品和服务行业的定义（OECD, 1999）。环境产品和服务包括提供产品和服务以评估、预防、大幅度降低或补救对水、空气、土壤造成的环境损害，以及与废物、噪声和生态系统有关的问题，同时涉及污染与资源管理。

根据已有估计，全球绿色市场每年创造的价值为 1.4 万亿美元（UNEP, 2008）。绿色技术（绿色经济的一部分，包括九大子部门：生物燃料和生物化学、发电、能源基础设施、能效、生产效率和废物控制、废物回收和循环、补救、交通、水和废水处理）预计到 2020 年能成为第三大行业部门，每年创造 3 万亿美元的价值（Analytical Advisors, 2011）。

认识到绿色经济在经济增长和发展方面的潜力，联合国合作机构，包括联合国环境规划署（UNEP）、国际劳工组织、联合国工业发展组织（UNIDO）和联合国训练研究所（UNITAR），联合提出建立绿色经济行动伙伴关系（PAGE），将重点放在国家能力建设上。

绿色经济行动伙伴关系诞生于 2013 年，是对联合国可持续发展大会（"里约 + 20"峰会）结果性文件《我们期望的未来》的回应。该伙伴关系认为绿色经济是可持续发展和消除贫困的途径。绿色经济行动伙伴关系旨在支持 30 个国家于 2020 年前建立国家绿色经济发展战略以创造就业，提高技能，促进清洁技术的发展和减少环境风险及消除贫困。在头两年，绿色经济行动伙伴关系将重点放在以下试点国家：布基纳法索、加纳、蒙古国、秘鲁和塞内加尔。各国根据本国的重点自然资源，开辟有特色的绿色经济发展之路。

国家对绿色经济的引导是制定有效政策、取得切实成果的关键。在全球层面上，数据表明真实国内生产总值的实际增长快于与排放有关的能源增长速度。同时碳密集度降低，证明经济增长与能源消耗可以实现脱钩。然而为达到将全球气候升温控制在 2℃ 的目标，必须每年减碳 6%（相比于已达到的 1.2%）。要踏上限排之路，全球经济应该加速降低碳排放浓度——到 2100 年，每年减排 6.2%，减排速度比现在快 5 倍。

因此，下文呈现了国家和地区实现绿色经济的途径。为进行对比，我们使用了全球绿色经济指数（GGEI）这一概念。[2]

国家策略

欧盟及其成员国

对于欧盟而言，"绿色经济"是一种模式，即：

> 获得经济增长和发展，保障人类健康和福祉，提供体面工作，减少不公平现象和投资与保持生物多样性，包括绿色经济提供的生态系统服务（自然资本），为实现内在价值及人类美好生活和经济繁荣做出贡献（European Parliament and the Council，2013）。

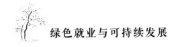

欧洲发展战略和欧洲 2020，侧重向绿色、低碳和节能经济转型以实现快速、可持续和包容性增长。全球资源长期短缺并日益枯竭，从而驱动了经济绿色化发展。

欧洲发展战略的既定目标为绿色、低碳、节能经济，某种程度上意味着绿色经济未必是低碳和节能的。

其他欧盟战略文件，如资源效率路线图，也包含了绿色经济概念的元素。部门的具体战略和政策进一步深入阐述了关键因素，如增长与资源消耗脱钩。

欧盟没有对绿色经济及其规模进行过全面综合的分析。生态行业是欧盟第三大行业部门，其数据被用于代理。在全球金融危机之前，生态行业的年产值约为 3190 亿欧元，年增长率约为 8%（Ecroys et al.，2009）。部门间差距较大：一些为成熟型，另一些为则快速成长型。

在欧洲环境署（EEA）看来，与经济绿色化最相关的部门涉及环境与资源领域，有如下几方面：

- 能源；
- 温室气体排放与臭氧层物质消耗；
- 空气质量与空气污染；
- 交通部门温室气体排放和空气污染物；
- 废物；
- 水；
- 可持续消费和生产；
- 化学物质；
- 生物多样和土地使用（EEA，2013）。[3]

自 2012 年以来，欧洲环境署一直在监控欧洲经济绿色化发展状况。环境署使用了 6 项重要的指标评估资源效率（与氮排放、碳排放、空气污染、海域资源利用、水资源利用和材料资源相关）和 6 项进一步恢复生态系统的指标（与生物多样性丧失、气候变化、空气质量、海洋环境、水资源压力、材料资源消耗相关）。研究结果表明，在提高资源效率方面取得了比生态系统恢复更大的进展，这一结果好坏参半。

经济绿色化被视为提高生产力和竞争力的手段：实现欧盟能源目标（20% 的能源为可再生能源，能源效率提高 20%）到 2020 年可节省 600 亿欧元的进口石油和天然气。此外，进一步整合欧洲能源市场可促使国内生产总值增长 0.6% ~ 0.8%。

英国承诺经济绿色化和实现长期可持续增长。该承诺表现为遵守 2008 年的气候变化公约，而该公约迫使英国到 2050 年大幅减少碳排放。2010 年英国成立了绿色经济委员会，2012 年绿色投资银行应运而生。自 2010 年以来，每年召开绿色就业的绿色技能大会，聚焦于绿色技能以及其在英国低碳经济中的作用。

英国政府认为绿色经济并非为整体经济中的一个子集，因为整体经济必须是绿色的。在保持自然资源可持续的前提下，绿色经济能最大化整体经济创造的价值和增长速度（HM Government，2011b：4）。

英国绿色经济的主要特征是：

• 可持续和长期增长，减少排放和其他的环境影响及创造绿色就业（包括低碳和环境产品与服务部门）；

• 提高自然资源使用效率；

• 环境恢复（英国将减少对化石燃料的依赖，维持自然资源和能源的安全供给）；

• 探索比较优势。

绿色经济转型战略体现了英国政府温和过渡的系列活动，其中包括促进国际行动、监管、财政激励、自愿协议、财政措施、公共部门采购、信息供给以及为消除非财政壁垒而开展的有针对性的工作以发展清洁能源技术。

预计绿色经济预期将促进可持续和长期增长，减少排放和其他环境影响，创造绿色就业（包括低碳和环境产品、服务部门），保持英国行业在全球的竞争力，有效利用自然资源和进行有效的需求管理，采取节能其他资源的能效措施（House of Commons，2009）。

持续不断的经济困难和错综复杂的责任义务使得朝低碳目标发展的速度比期待的要慢。三大政府部门设置了绿色议程：能源和气候变化部，英国环境、食品和农村事务部（DEFRA）及英国商务、创新与技能部（BIS）。另外，还有苏格兰、威尔士和北爱尔兰的行政机构处理绿色事务。

环境产品与服务部门正处于发展之中。2004 年，环境产品和服务部门产值约为 250 亿英镑。2010 年，估计产值将达到 340 亿英镑，2015 年为 460 亿英镑（House of Commons，2009）。

估计绿色经济（比绿色产品和服务范围更广）的年产值将达 1200 多亿英镑（1430 亿欧元）或占英国国内生产总值的 8%（Green skills 4greens jobs，2013）。

需要将对促进技术进步和就业发展的投资保持在上述增长水平，为低碳（如制造、能源、废物管理、建筑、研究和金融服务）企业创造新的机遇。就新建成的低碳部门和政府基础设施而言，从当下至 2030 年，必要的投资额是 2000 亿到 1 万亿英镑。[4]估计到 2025 年，绿色基础设施投资的传统渠道将提供不到一半的必要数额（500 亿 ~ 800 亿英镑）（House of Commons and Environmental Audit Committes，2011）。

成立绿色投资银行的目的是支持英国绿色经济投资。为实现环境目标，到 2020 年，能源和其他重要的绿色部门如交通、废物、供水和洪水防御的投资将达 3300 亿英镑（House of Commons and Environmental Audit Committes，2011）。绿色投资银行自 2012 年 12 月启动以来，共支持了 34 个绿色基础建设项目，投入 14 亿多英镑，调动 49 亿英镑投入英国绿色经济活动（GIB，2014）。

低碳行业战略和低碳过渡计划将推动经济向绿色转型。这包括 2009 年预算公布的低碳行业和高级绿色制造业的首批 4.05 亿万英镑投资（House of Commons，2007）。随着可再生能源比重的不断提高，经济活动将不得不向低碳部门转移。

提供嵌入式高排放产品或服务的行业（如炼钢）需要减少产品的碳足迹，而提供碳依赖型产品的行业（如燃油汽车制造）则需要改进产品，使其多样化。欧洲委员会资助的一项研究发现在某些经济情境中，英国能源部门的就业净影响是消极的。因此，英国劳工联合会议（TUC）要求加大监管力度，因为尚不清楚政府是否有相应的办法应对该经济分配问题。该会议认为政府的方案应反映新部门和传统部门的就业将会受到怎样的影响。区域发展机构（RDA）应当提供对部门和区域岗位流失的评估。

低碳行业战略提到区域发展机构与其他伙伴的合作，但未详细阐述合作是如何进行的。工会主张"公平过渡"到低碳经济，使政策带来的益处和成本在整个经济中得到公平分配。

根据牛津大学环境变化研究所（Environmental Change Institute）对建筑公司、产品制造商和供给商的研究，如果英国制定政策并采用节能计划和财政激励措施提高现有住房存量以使其更环保、更节能，则每年可以开拓 35 亿～65 亿英镑的新市场（House of Commons，2009：17）。

英国在全球绿色经济指数排名中，每期排名在逐步提升，但仍然落后于北欧国家。一般来说，在认知调查中英国表现很好（排名第 8），并超过了相应的绩效值（第 20 位）。

丹麦已决定向绿色经济转型，到 2050 年成为世界上第一个摆脱化石燃料的国家。丹麦政府与丹麦行业联盟、丹麦能源协会、丹麦农业与食品委员会和丹麦风能行业协会合作建立了公私合作伙伴关系，以推进10个绿色部门的绿色实践：节能、供暖和制冷、智能能源、风力、太阳能和其他可再生能源、生物能源、水、气候适应、资源和环境及可持续交通。丹麦在绿色经济方面的最佳实践涉及水利政策、能源政策及空间规划。

丹麦经济绿色化生产的重要性主要体现在2010年绿色产量占丹麦所有企业总产量的9.2%。"绿色产品"出口相当于总出口量的10.4%，自2005年以来增加了1%。丹麦是世界主要风力发电设备制造商。2013年，丹麦企业提供了全世界25%的风轮机。风能行业为丹麦经济做出了重要贡献。2013年，该行业雇用员工27500人，出口约500亿丹麦克朗（92亿美金）（WWF，2014）。

绿色经济也受到金融危机的影响。2005～2010年，绿色生产企业就业率下降6%，相比之下，私营企业总就业率下降得更多。

从认知和业绩表现的角度而言，丹麦在全球绿色经济指数榜上继续保持领先地位。作为一个真正的绿色国家品牌，丹麦通过各种政策和策略致力于绿色发展，并作为全球绿色的践行者继续努力发挥其积极作用。较之于其他北欧国家，丹麦的知名度较高，尤其作为清洁技术投资和创新的重要市场。对渔业和林业的重点关注，再加上丹麦强有力的绿色政策都有助于提高建筑和运输等部门的效率，未来丹麦的全球绿色经济指数得分可能会进一步提高。

美国

绿色能源是绿色经济的替代品。

许多研究评估了绿色企业和绿色就业对美国经济的贡献。它们的区别在于提出的绿色定义、使用的方法论和涉及的范围不同。这些差异使研究对比变得很困难。

　　尽管存在这些差异，许多关于绿色构成要素的研究还是存在一些共同特征。多数研究使用节能、再生或清洁能源及环境保护之类的概念作为绿色经济定义的指导原则。这些原则也反映在欧洲统计局（2014）和经济合作与发展组织（OECD，1999）的环境产品列表中。

　　虽然相似性很大，但也会产生不同的观点和释义。例如，对核电站能否被视为绿色产业这个问题就存在分歧。

　　美国商务部提供的数据表明2007年绿色产品和服务是私有企业经济总量的1%～2%（见表2.2）。得到较低评估值的原因是使用了狭义定义，即绿色产品包括对"绿色"几乎没有争议的产品。而使用广义定义，即绿色产品包括对其绿色有一些争议的产品将得到较高的估计值。根据更为广义的定义，绿色产品和服务的可持续性比重更高，但相对而言只占经济的一小部分。

表 2.1　近年去碳化进展

国家和地区	2012~2013 年				5 年趋势（2008~2013 年）	
	能源排放量变化	真实国内生产总值增长	碳强度（总二氧化碳/2013 年百万美元）	碳强度变化	碳强度年均变化	国内生产总值年均变化
世界	1.8	3.1	323	-1.2	-0.6	2.8
G7*	1.2	1.3	281	-0.2	-1.9	0.6
E7*	3.5	5.4	404	-1.7	-0.3	6.1
澳大利亚	-4.7	2.7	338	-7.2	-4.6	2.4
英国	-3.2	1.7	206	-4.8	-2.9	0.1
意大利	-5.9	-1.9	172	-4.1	-2.9	-1.6
中国	3.4	7.7	561	-4.0	-1.6	8.9
南非	-1.1	1.9	635	-3.0	-3.0	1.8
欧盟	-2.5	0.1	209	-2.5	-2.3	-0.2
加拿大	-0.6	2.0	375	-2.5	-1.9	1.3

续表

国家和地区	2012～2013 年				5 年趋势（2008～2013 年）	
	能源排放量变化	真实国内生产总值增长	碳强度（总二氧化碳/2013 年百万美元）	碳强度变化	碳强度年均变化	国内生产总值年均变化
韩国	0.5	3.0	435	-2.4	0.2	3.0
日本	-0.8	1.5	285	-2.3	-0.5	0.3
阿根廷	1.7	3.0	190	1.2	-2.4	4.5
沙特阿拉伯	2.8	3.8	380	-1.0	0.7	4.2
土耳其	3.3	4.0	217	-0.7	-1.4	3.7
俄罗斯	0.6	1.3	458	-0.7	-0.7	1.0
墨西哥	0.7	1.1	231	-0.3	0.6	1.6
印度尼西亚	5.7	5.8	206	-0.1	1.3	5.9
法国	0.5	0.2	145	0.3	-2.0	0.1
美国	2.5	1.9	326	0.6	-2.4	1.0
印度	6.0	5.0	271	0.9	-0.7	6.7
德国	3.3	0.4	224	2.9	-0.9	0.6
巴西	8.1	2.5	157	5.5	1.8	2.6

＊G7 包括加拿大、美国、日本、德国、法国、英国和意大利。

＊E7 代表 7 个发展中国家：中国、俄罗斯、印度、墨西哥、印度尼西亚、巴西和土耳其。

资料来源：普华永道，2014。

表2.2 美国按行业划分的绿色经济规模（2007 年）

单位：十亿美元，%

行业部门	绿色经济规模		总行业部门占比	
	狭义	广义	狭义	广义
农业	2	2	0.5	0.5
建筑（绿色建筑和服务）	36	49	2.0	2.8
制造	48	69	0.9	1.3
服务	286	397	1.3	1.8
所有部门	371	516	1.3	1.8

服务部门约占绿色商业活动的 3/4；制造业约占 13%；剩余份额属于建筑和农业部门。

能源与资源保护及控污占绿色商业活动的主要份额，占绿色运输/收入和就业的 80%～90%。再生/替代能源和环境占绿色产品和服务运输/收入和就业的较少份额。

2002～2007 年，制造业的绿色运输和就业份额依然不变，在 0.9%～1.3% 徘徊。和所有制造业一样，绿色制造业的就业率在有的时间段有所下降。

绿色发展集合组织（2013：31）估计美国将占有全球低碳与环境市场的最大份额（19%），价值近 8000 亿欧元。

美国在全球绿色经济指数认知调查中获得较好的排名（排名第六），取得高分的原因是其聚焦于投资和绿色创新，同时成功地将重要部门，如建筑和交通绿色化。美国在市场和投资方面表现也很好，但在制定气候变化行动措施方面表现较差，一些环境部门，尤其是渔业和林业表现也一般。美国在全球绿色经济业绩表现指数中排第28 位。

日本

日本积极向绿色经济转型，并且进行产业结构重组。

在不断变化的经济、社会和国际背景下，日本在实现经济绿色化方面取得了重大进展。日本成功减少了环境压力，尤其是能源和材料的使用、污染气体排放、水抽取和城市废物的产生。然而，复杂的、长期的挑战仍然存在：主要是气候变化和生物多样性的可持续利用。

2003 年，日本环境省对环境企业的规模进行了评估。根据这次研究，生态企业 2000 年的产值为 30 万亿日元（2800 亿美元）。

在广义定义下，2000 年资源管理，包括住房翻新和修理，预计将占市场份额的 2/3；环境保护，主要为废水管理和提供废物管理服务将占其余 1/3（见表 2.3）。

表 2.3　日本环境产品和服务部门市场规模和就业人数

	市场规模（十亿日元）			就业人数（人）		
	2000 年	2010 年	2020 年	2000 年	2010 年	2020 年
污染管理	9248	17176	22735	283037	442486	499178
空气污染治理	642	3166	5169	8971	39306	53579
废水管理	4818	5821	5831	59099	62353	54224
废物管理	3614	7736	11126	211859	330006	378035
清洁技术和产品	174	453	609	3108	10821	13340
资源管理	8788	58556	18201	220551	403194	479343
回收材料	7898	8744	9404	201691	211939	219061
可再生能源	163	929	929	5799	30449	28581
能源节约和管理	727	48883	7868	13061	160806	231701
其他	10794	13720	15275	218436	219059	195655
总计	28830	89452	56211	722024	1064739	1174176

资料来源：Capozza（2011：38）。

预计到 2020 年，产量几乎翻倍。新发展战略旨在将与环境和能源有关的市场扩大 50 万亿日元（5300 亿美元）。

日本占全球环境产品和服务市场份额的 6.3%，包括可再生能源技术和低碳活动，2007～2008 年的产值为 1.6 万亿日元。这是继美国与中国之后的第三大份额。

2008 年下半年，由于全球需求下降，日本的出口陷入困境，但与 2007 年同期相比，环境产品的出口增长了 35%。

根据日本外贸组织 2009 年的研究，约 18% 的日本制造企业生产和出口环境产品，尤其是废物处理设备、生态油漆和黏胶、光伏电池和其他可再生能源技术、混合动力与燃料电池汽车及废水处理设备。

总体而言，走向绿色经济需要产业结构调整。

日本环境省的研究认为 2000 年相关就业人数为 76.9 万人，相当于总就业人数的 1.2%，2010 年将增长 46%，到 2020 年雇用人数将达到 120 万人。就业和市场价值预期增长最快的为能源部门和提供控制污染气体排放设备的制造部门（见表 2.3）。

就业增长比预期的快：2006 年的数据显示与环境有关的私营企业就业人数已达到 140 万人，相较之下公共环境管理部门仅雇用 7.65 万人（OECD，2010）。虽然 2010 年环境部门产值将达到 47 万亿日元，但该数字已超过 8000 万日元（第一章，表 1.7）。

作为日本经济转型过程中取得重大进步的推力，2010 年日本实施由下述要件构成的政策计划：

- 国家生物多样性战略；
- 气候变化基本法草案；
- 新增长战略；
- 全球气候变暖应对措施的中、长期目标；
- 通过环境政策实现经济发展愿景。

根据 2014 年全球绿色经济指数，日本绿色经济绩效（第 7 名）远超全球绿色经济指数（第 43 名）。与 2012 年相比，2014 年认知调查结果显示日本排名快速提升。总的来说，在前 10 名国家中，日本致力于清洁交通和清洁技术创新，其能效部门、市场前景和投资实力都被看好。然而，一些预期和主观评价并未得到日本业绩的证实。在这方面，日本总排名位于经济合作与发展组织成员的末尾。尽管市场、投资、环境和自然资本方面考评结果较好，但碳密集型经济对日本节能部门的绩效产生了负面影响。

虽然关闭了核电站，但 2012～2013 年实际国内生产总值还是增长了

1.5%。日本将与能源有关的排放减少了0.8%，碳浓度降低了2.3%（PWC，2013；见表2.1），因此属于减碳（或绿化）经济类型。

澳大利亚

2014年澳大利亚全球绿色经济排名快速下降。

澳大利亚是世界上碳排放最密集的经济体之一。人均排放几乎是经济合作与发展组织平均数的2倍，是世界平均数的4倍之多，这显示出澳大利亚巨大的绿化潜力。

澳大利亚保护基金会估计2007年澳大利亚绿色行业产值为155亿澳元（ACTU，2008）。到2030年，绿色行业产值可能增长至2430亿澳元。这可以说是保守的估计，因为2004～2005年，澳大利亚环境保护行业的产值已经达到150亿～200亿澳元。2009年，绿色经济潜力估计为450亿澳元，包括环境科学服务行业（50亿澳元）、废物处理（80亿澳元）、回收循环（110亿澳元）、清洁技术企业（90亿澳元）和生态旅游（120亿澳元）（Eltham，2010）。

仅大堡礁世界遗产区[6]每年就为澳大利亚经济增长贡献56.8亿澳元（51亿美元），提供近6.9万个全职就业岗位。虽然经济和环境价值巨大，但大堡礁珊瑚区自1985年来缩小了一半，主要是因为养殖场排放的化肥废料导致以珊瑚为食的棘冠海星泛滥成灾。因此，世界遗产委员会正在考虑将大堡礁列入"濒危"遗产的行列。[7]过去十年里，由澳大利亚国家和政府共同出资7.5亿澳元（6.7亿美元）支持减污，改进农业生产方式，并最终采用了较好的方法，使甘蔗种植者的农药与化肥污染分别减少15%和13%。保护区行业绿色化取得的成就表明仍有更大潜能在农业、水利、废水管理和循环、能源及城市与城市交通领域进行绿色经济实践。澳大利亚的生态足迹几乎是全球平均生态足迹的3倍，这足以证明其发展绿色经济的潜力巨大（WWF，2014）。

2001～2009年，与水利政策改革相关联的水价格上涨导致了水利用率和水循环技术水平的大大提高。在此期间，澳大利亚也将水资源生产力提高了一倍。也就是说，到2009年澳大利亚的经济从每一滴水的消耗中获得的经济价值是2001年的两倍。

澳大利亚主要企业已减少70%～80%的淡水资源使用，因此通常在5年内不会影响企业的盈利能力。澳大利亚的水利服务非常成功，已成为极富国际竞争力的服务行业。

在能源部门，政策改革使国内生产总值与电耗和温室气体的排放脱钩。尽管如此，总体而言，澳大利亚国内生产总值的增长在很大程度上伴随着总体资源利用与消耗的增长、生物多样性的减少和环境的退化。澳大利亚减污虽取得了进展，但与目前世界上的最佳做法仍然存在差距。因此，预计能源、资源和环境效率将成为未来生产力的关键驱动力。提高能效可以降低基础设施的成本和能源与供水价格。

根据全球绿色经济指数，澳大利亚的政治领导力在27个国家中位居第二，绿色经济绩效排名第十。

2014年，澳大利亚在全球绿色经济排名中的位次大幅下滑。政治领导力和应对气候变化两项的表现在60个国家中居末位，环境和自然资本居第2位；投资与创新居第18位，资源使用效率居第36位，综合排名居第37位。在认知评估中澳大利亚综合排名居第11位，环境居第7位，效率居第10位，投资居第11位，领导力居第18位。

2014年的指数与以往相比，涵盖了更多的国家和行业，但澳大利亚的国际地位还是"急速"下降。

然而，因其绿色经济表现澳大利亚仍获得了很多好评。根据2014年的全球绿色经济指数，澳大利亚绿色经济表现（第11位）远超全球绿色经济指数（第37位）。

加拿大

加拿大经济正处于绿色化发展中，但离绿色仍很遥远。

加拿大对绿色经济的定义尚未达成共识。加拿大环境和政策研究所（CIELAP）于 2010 年 12 月至 2011 年 2 月在全国范围内做了一次调查研究，就什么是绿色经济问题采访了各利益相关者（Web and Esakin，2011）。

尽管受访者都提出了各自的看法，其中有些机构也正在践行绿色理念，但几乎没有人使用"绿色经济"一词。研究发现，大家认为绿色经济定义应从多个角度如气候变化、环境杠杆和经济杠杆活动或创新机遇等方面进行考虑。有一种盛行的观点是绿色经济不能独立于主流经济，而是更环保。因此，应将绿色经济概念与环境、经济和社会目标联系起来。

加拿大各界提出的不同定义主要集中于确定和量化环境产品和服务，而非以包括其他行业的方式来定义环境产品和服务。在"绿色经济"的定义是什么（鉴于加拿大国情）以及如何在宏观和微观经济层面上衡量和监测绿色经济的问题上，这一差距尤为突出。

没有确定的定义和指标，公有和私有部门的决策者就难以制订合适的计划开展有利于向绿色经济转型的经济活动。此外，这一有限的定义造成了对其他经济部门在绿色经济中所起作用的错误看法，并限制了对整体经济如何能够走上更可持续性发展道路的总体认知。

虽然对绿色经济有不同的看法，但它还是被视为获取丰厚利益的手段。有 2/3 的受访者认为加拿大可通过增强本国竞争实力获取其他方面的利益，包括就业、节约主要成本、吸引稳定和长期的投资、增强工作满意度和工作的维持与稳定、提高生产效率、通过改善生态系统获得收入、激励地方经济发展。

同时成为绿色经济的领导者也被认为能获得名誉上的益处。

加拿大环境控制组织的研究指出了绿色经济的主要特征。绿色经济更可能是提供（专业、科学和技术）服务，而非产品。有一半的绿色企业规模很小（雇员不超过 5 名）。在自认为是绿色的企业中（因为它们为服务或就业提供了减少环境影响的技术或材料），约 14% 的经营活动不包括在加拿大环境控制组织定义的绿色经济要素内。这些要素包含 3个主要的定义标准，即经济、技术和开发过程视角。

经济视角涉及部门、行业和职业经济分类系统的相关活动特征。经济标准可以评估产品或服务是否有助于减少温室气体排放或在制造过程中纳入可持续资源。

技术视角是通过考量什么是绿色产品、绿色流程和绿色服务定义绿色经济及其实现程度。

发展过程视角则是确定绿色就业在发展周期内的定位。发展过程包括产品或服务的发展阶段，从研究到设计、发货、使用和维护（ECO Canada，2010）。

加拿大环境控制组织进行的量化研究排除了 14% 按定义被称为绿色的组织。排除的主要原因与以下相关：

● 经济视角（该类组织没有在与绿色经济相关的北美产业分类系统六位数代码内运作）；

● 技术视角（该类组织没有提供对环境影响最小化的产品和服务）。

已有分析（ECO Canada，2010；Web and Esakin，2011；Sustainable Prosperity，2012）表明，加拿大经济正处于绿色化发展阶段，但距绿色经济依然很遥远。决策者们缺乏足够的数据/指标来制定政策、确定重点和谋求发展。促进加拿大经济绿色化的措施包括终止对能源部门和采矿业的补贴，鼓励生态行业运用新技术和通过碳税与能源税实施财政激励。

基于全球绿色经济指数，很难对加拿大的评估结果进行解读。一方面，加拿大的绿色经济相当强劲，无论是认知排名的第 12 位，还是表现排名的第 29 位。另一方面，加拿大在能效、市场和投资领域表现出色，但加拿大的领导与气候变化领域的业绩评分几乎排在末尾，导致总成绩大幅下降。正如全球绿色经济指数的评估结果所示，加拿大在政府领导、媒体报道、国际论坛参与和减缓气候变化方面做出的努力得分非常低。

墨西哥

墨西哥正在用绿色经济计划解决贫困和失业问题。

墨西哥近年来采取了若干措施旨在促进经济绿色化发展：启动了气候变化特别项目，提出了减少温室气体排放的短期宏伟目标，实施国家战略促进可持续消费和生产，并开始运用经济和环境会计核算方法并成立可持续发展中心。

社会经济政策和环境政策面临的主要挑战是：

• 州和地方政府有效实施绿色经济计划的能力，重点是减贫战略；

• 增加贯彻环境政策的资源。

因此，绿色经济的主要机遇是：

• 加强环境管理，解决贫困和失业问题，这涉及改进检查制度和有效扩大经济工具的使用；

• 拓宽环境政策和环境财政改革措施实施的财政基础；

• 提高绿色经济部门中小企业的竞争力（逐步取消对能源部门和矿业部门的补贴，激励生态创新和鼓励生态行业部门的发展，包括可再生能源部门）（Maradan et al.，2011）。

2012 年，与联合国环境规划署合作启动了绿色经济范围界定研究（GESS）。全球可持续发展战略评估了与可持续发展有关的现有努力，并提出了鼓励对所选关键部门进行投资的政策选择，目的是激励包容性增长，创造绿色就业机会、改善环境的可持续性和提高经济的竞争力。

根据绿色发展集合组织的评估，墨西哥的低碳和环境市场每年创造的价值超过 800 亿欧元，在过去 4 年内增长了 20%。清洁能源投资2012 年增长了 5 倍，超过 20 亿美元。

根据全球绿色经济指数的认知和绩效评估，两者排名基本相似（感知排名 28 位，绩效排名 31 位）。全球绿色经济指数显示在两方面都有改进的机会。墨西哥 2014 年的领导认知得分与 2013 年相比下降很快。其他方面（节能、市场、投资、环境和自然资本）表现平平。墨西哥可持续旅游的表现位居第三。

巴西

在巴西，清洁技术实现了商业化发展，市场较为发达。

巴西是全球第四大温室气体排放国，但也是具有最大减排潜力的国家之一。巴西发展绿色经济的潜能巨大是由于其经济结构和环境条件较好，自然资源丰富。巴西的森林面积占国土面积的 56%，占全球森林的 10%，拥有 12% 的地球地表水。

2012 年，巴西占有全球低碳市场的第七大份额，创造价值 1200 多亿欧元，在过去 4 年增长 24%。2011 年，清洁能源增长 10%，创造价值 80 亿美元（Green for Growth Group，2013）。

按全球能源绿色指数的测算，巴西的认知和绩效评分几乎均等（分别排在第 15 位和第 18 位）。巴西在市场与投资领域表现很好：拥有清洁技术商业化的发达市场和吸引能源投资的国内环境。巴西有重要的自然资源,经济实力在不断上升。因此,改进与环境和自然资本有关(尤其是森林和水)的领导与表现预期能够推动经济绿色化发展。

韩国

尽管2%的国内生产总值被用于改善能源安全和减排,但韩国仍不是绿色国家。

2008~2010年,约30家韩国企业集团投资超过15.1万亿韩元(约136亿美元)于绿色部门,2008年投资2.4万亿韩元(22亿美元),2009年投资5.4万亿韩元(49亿美元),2010年投资7.3万亿韩元(66亿美元)。这些公司计划2011~2013年再投资22.4万亿韩元(201亿美元)。

自2008年韩国发布绿色发展公告以来,具有可再生能源部门(NRE)技术的公司总量增长了2.2倍,就业人数增长了3.6倍,销售上升了6.5倍,出口增长了5.9倍,私有部门的投资增长了5倍。估计2012年可再生能源部门业务的发展将创造约2.7万个岗位,2015年预期将提供11万个岗位。2015年,可再生能源部门的出口收入预期将达到360亿美元(2009年为26亿美元)。

韩国的公有及私营企业通过可再生能源部门的技术发展和商业化,进行大力投资以促进绿色经济增长。2011年,绿色发展投资额估计为国内生产总值的3%或约330亿美元,比联合国提议的数额高3倍。

该投资额与2012年出口收入(107亿美元)的对比说明绿色发展效率并不高。绿色发展在很大程度上依赖于国内低碳环保的发展,2012年超过该市场700亿欧元,自2009年以来增长20%。清洁能源投资达20亿美元,与2011年相比增长了5倍之多。韩国计划进一步致力于绿色化经济，包括将国内生产总值的 2% 用于减排，改善能源安全和促进新低碳增长（Green for Growth Group，2013）。韩国旨在将全球绿色技术出口的市场份额由 2009 年的 2% 提高至 2020 年的 10%（World Bank，2012）。

另外，基于全球绿色经济指数的评估数据，韩国未被列入绿色国家的范畴。根据表现，2014 年在全球绿色经济指数排名中韩国排在第 39 位，认知评估排在第 32 位。虽然韩国在市场和投资领域表现很好，但经济的相对碳效率低下，环境绩效差，因而影响了全球绿色经济指数的评估结果。

土耳其

对于土耳其来说，环境不是公民关心的大事。

21 世纪初，由于全国行业大发展创造了大量的就业机会，经济增长变得更具有包容性。地区之间的收入差距缩小，2006～2012 年土耳其所有 12 个地区相对收入贫困的家庭在逐渐减少。虽然各地的教育、工作/生活平衡、环境质量和主观幸福感得到改善，但仍需做出更多努力。至于空气质量，直径大于等于 10 微米水平（可吸入肺部最深处的颗粒物）是每立方米 36.7 毫克（某些地区峰值更高），远超世界卫生组织认定的每立方米 20 毫克的限制。仅有 61% 的人对水质感到满意，这是经济合作与发展组织的最低值（经济合作与发展组织平均值为 84%）。约 33% 的人认为安全实现绿色化尚无可能（经济合作与发展组织平均值为 12%）（OECD，2014）。

虽然面临巨大的环境挑战，但 2011 年的调查显示绝大多数土耳其人认为环境问题不是土耳其的重大问题（Hurriyet Daily News，2011）。

自 20 世纪 90 年代以来，土耳其经济绿色化取得了巨大进步，尤其是在政治和立法层面。能源、交通、农业、工业和服务部门的发展可以进一步加快绿色化进程。这些行业部门的活动给环境造成了压力，耗用了大量的自然资源，具有较强的竞争力和出口能力，创造就业并与中小企业互联，同时受近似欧盟环境法的影响。

高度依赖进口需求的增长（约70%）使得能源部门急需绿色化发展。能源部门的绿色化预期将有助于提高竞争力，防止环境退化。这些措施包括：

- 增加再生资源份额（总发电量到2023年增加至30%）；
- 减少能耗（与2011年相比，到2023年至少减少20%）；
- 节能20%（到2023年，提高能源公共建筑和设施效率）；
- 节约行业和能源生产的消耗（通过提高燃煤热电厂的燃烧效率）。

在交通运输部门，增加铁路运输量（至2023年货运增加15%，客运增加10%），同时减少公路运输量（到2023年货运量至少减少60%，客运量至少减少72%），以利于减少因大量使用私车造成的碳排放。航空线路的优化与航空交通系统的现代化将使能源效率提高和环境影响最小化。

农业依赖生态多样性和自然资源（如水和土壤）。这些资源的退化会对农业活动产生了负面影响。尤其考虑到影响土耳其的水资源和生态多样性因素的气候变化问题，农业部门的绿色化能预防收入、生产和就业的减少。农业部门绿色化需要保护基因资源和碳捕获区域（草原、森林和农耕地），有效使用农业用地和水资源及林业部门实施相关绿色化措施（扩大人工造林，增加林业产品和服务的收入，延长林业认证，减少天然林的压力）。

行业部门绿色化需要更新现有技术和在新企业采用清洁技术以提高资源效率和减少对环境和自然资源形成的压力。

服务部门为经济绿色化提供了机会，因为劳动导向部门对环境形成的压力较小。卫生、教育、城市基础设施、旅游、金融、信息技术和咨询等分部门的发展包括了可持续发展的内容。

虽然经济绿色化潜力巨大，同时法律法规也在逐步完善，但其并未得到全面的贯彻实施。2011 年土耳其采用了气候变化行动计划（CCAP），该计划包括 2011～2023 年的能源、建筑、工业、交通、废物、农业、土地使用、林业和适应气候变化的活动。虽然计划的目的是推动绿色经济的发展，但并未涵盖任何减碳目标。此外，所拟定的措施也未得到贯彻执行。

因此，可以推定土耳其确立的碳导向发展模式没有具体的减排（或减碳/绿色化）目标（Algedik，2013）。

土耳其的全球绿色经济指标评估结果可以证实该推论的可靠性，正如对领导力和与气候变化相关的调查结果一样。土耳其在 60 个抽样国家中排在末位，在吸引可再生能源投资、为投资创造条件方面有不错的表现，另外在国家努力促进投资方面表现良好。

中国

中国每年 2%～4% 的国内生产总值用于清除 30 年发展累积的工业废物。

中国的战略目标是在促进国民经济绿色发展的同时加强环境保护。中国在努力谋求新的增长模式，促进更绿色、更可持续的发展。[8]

在过去的 30 年中，中国的国内生产总值以平均每年 10% 的速度增长，迈入了世界发展速度最快的国家行列。[9]

工业的高速发展以牺牲环境为代价，尤其是空气和水的质量，同时造成了土壤污染、土地沙漠化和生物多样性的丧失。

中国预期每年需要将国内生产总值的 2%～4% 用于清除 30 年的工

业垃圾（Sim and Rong，2010）。这些环境问题表明需要重新审视经济发展模式及一些政策和行动，使之与绿色发展模式相适应。

2006~2010年，中国几乎在所有主要的经济部门优先推行绿色发展。为提升工业、交通和建筑行业的能源效率，发展风力、太阳能及其他可再生能源资源，创造节能"循环"经济，运用能效与环保技术改造传统部门使其转型进行了不懈的努力。

截至2010年底，中国的能源保护服务行业总价值为800亿元（120亿美元）。工业每年减少用电煤耗1064万亿吨和温室气体排放2662万吨二氧化碳（World Bank，2012）。

2012年，中国低碳环保市场价值超过5000亿欧元（占全球市场的13%），是清洁能源最大的国家投资者。投资651亿美元（比2011年增加20%），增加16千兆瓦的风力发电和3.2千兆瓦的太阳能发电能力。清洁能源容量达152千兆瓦，是世界总量的23%（Green Growth Group，2013）。

然而，中国的绿色经济潜能几乎未被挖掘。中国正处于转型期，新的绿色部门，如新能源与电力交通与旧"褐色"工业如煤电并存。中国对绿色转型的最大承诺之一是扩大工业与经济部门的就业，减少或至少放慢对国家环境影响的步伐。中国的绿色经济计划集中在三大目标领域：扩大国家能源供给中的新能源份额；保护自然资源，提高利用率，尤其是森林资源；运用新技术减少传统的"污染"部门对环境造成的影响。假定每年安装20千兆瓦容量的发电机组，仅风电行业每年的投资就可能超过250亿美元。如果国务院制定的目标能实现的话，新兴绿色行业对中国国内生产总值的贡献率到2020年将达到15%（World Bank，2012）。到2030年，尤其是与可再生能源和清洁能源（主要是电动）汽车有关的绿色技术和服务的预期出口额在出口销售中将增加2290亿~3950亿美元，创造440万~780万个就业岗位。这些出口销售额占预计总出口额的6%~10%，或占预计国内生产总值的2%~3%。

绿色化能够并应该在所有经济部门展开，这需要以下努力：

- 对自然资源实施更有效的管理：防止空气污染、水污染、森林采伐和土地沙漠化；
- 改进环境政策框架，实施并执行；
- 发展并投资可持续建筑，进一步鼓励国际竞争；
- 进一步完善包含能源发展项目的外部效应全成本核算制度。

根据全球绿色经济指数的评估数据，中国在能效部门、环境和自然资本方面表现相对较差（60 个国家中排第 55 位）。在认知调查中，中国排名不错（排第 13 位）。该结果与市场和投资维度有关，因为中国连同美国、德国一同被视为投资和绿色产品发展的重要市场。中国在环境和自然资本方面排名倒数第一。

结束语

"绿色经济"一词已耳熟能详，却缺乏统一的定义。按照绿色就业的概念，某些定义仅涉及环境产品和服务部门。这些部门只是整体经济的一小部分（例如美国为 1% ~ 2%），因此这样的定义方法忽略了绝大多数经济活动，同时忽略了环境的挑战。

与此同时，还有些定义认为这些"绿色"部门为其他行业提供产品和服务。绿色经济广义定义包括了整条供应链。

更广义的绿色经济定义是指在不牺牲经济增长和繁荣的前提下，最小化环境影响的经济。该定义倾向于支持服务与知识经济，有时也称之为"清洁"或"低碳"经济。服务与知识经济需要拓展国内外对绿色产品的需求。此外，还有人认为只要满足必要条件（现有技术、基础设施投资资本、机构能力建设、绿色就业的新知识与技能以及足够的支持），"褐色"工业就可变成绿色和可持续的工业。

发展绿色经济的核心是如何在环境受到局限的情况下，推动经济增长和发展。这些限制因素因特定的环境（如空气、土地、水、废物）和国家条件而异。

从根本上说，绿色经济的概念需植根于经济增长的大背景下。因此，第三章将讨论绿色发展问题。

注　释

1. 联合国环境规划署是由联合国 40 多个成员组成的全系统协调机构。

2. 该绩效指数由 Dual Citizen 公司制定，自 2010 年起每年公布一次。它由 32 个基本指标和数据集定义，每个指标和数据集都包含在领导力和气候变化、能效部门、市场和投资、环境和自然资本四个主要维度中。更多在线信息，请访问以下网址：www. dualcitizeninc. com。

3. 尽管欧洲环境署发挥了正式作用并做出了努力，但对于最相关的绿色经济部门还未达成共识，例如根据 Mazza 和 Blinck（2012）的研究，有 10 个部门被确定为向绿色经济过渡的关键部门：农业、建筑、能源供给、渔业、林业、工业、旅游业、交通、废物管理和水。

4. 基于在线世界银行的 5 年平均增长率，请访问以下网址：http：//data. worldbank. org/indicator/NY. GDP. PCAP. KD. ZG/。

5. 全球绿色经济指数采用的方法来自经济发展与合作组织出版的关于构建综合指标的手册。政府专家组从广泛的基础数据中得出结论。根据每个指标或数据的均值和标准差，计算 z - 分数和相关的百分位数，然后将这些百分位数统一汇总，生成国家得分，用 0～100 表示。有关 2014 年全球绿色经济指数方法更详细的解释，请参见双国籍者在线网站，网址为：www. dualcitizeninc. com。

6. 大堡礁是世界上最大的珊瑚礁生态系统和世界遗产地。大堡礁被公认为是生物多样性最重要的场所之一，为数以万计的物种提供了栖息地，其中许多物种具有全球保护意义。

7. 2014 年，联合国世界遗产组织和联合国教科文组织是否将大堡礁列为"濒危"遗产的决定推迟了 12 个月，给皇后区政府额外保护的时间。

8. 2010 年在日本横滨举行的亚太经合组织峰会上，胡锦涛主席重申中国寻求转变增长的方式，致力于绿色、更可持续的发展。

9. 基于在线世界银行的 5 年平均增长率，请访问以下网址：http://data. worldbank. org/indicator/NY. GDP. PCAP. KD. ZG/。

References

Algedik, O. , 2013. *Climate Change Action Plan Assessment Report.* Association for the Protection of Consumers and the Climate. Online, available at: www. onderalgedik. com/wp-content/uploads/2013/11/CCAP-AssessmentReport. pdf (accessed 30 November 2014).

Analytical Advisors, 2011. *The* 2011 *Canadian Clean Technology Industry Report: Selected Facts.* Online, available at: www. analytica-advisors. com/sites/default/files/CTR_2011Report% 20SelectedFacts. pdf (accessed 30 November 2014).

Capozza, I. , 2011. 'Greening Growth in Japan', *OECD Environment Working Papers*, No. 28, OECD Publishing. Online, available at: www. oecd-ilibrary. org/environment/greening-growth-in-japan_5kggc0rpw55l-en (accessed 20 October 2014).

De Gouvello, C. , 2010. *Brazil Low-carbon Country Case Study.* World Bank Group. Online, available at: http://siteresources. worldbank. org/BRAZILEXTN/Resources/Brazil_LowcarbonStudy. pdf (accessed 4 October 2014).

ECO Canada, 2010. *Defining the Green Economy.* Online, available at: www. eco. ca/pdf/

Defining-the-Green-Economy-2010. pdf (accessed 2 October 2014).

EEA, 2013. *Towards a Green Economy in Europe. EU Environmental Policy Targets and Objectives* 2010 – 2050. Report 8/2013. Copenhagen.

Eltham, B. 2010. *Australia's Green Economy Potential.* Centre for Policy Development. CPD Occasional Paper Number 10. Sydney.

EC, 2014. *Green Action Plan for SMEs, Enabling SMEs to Turn Environmental Chal-lenges into Business Opportunities.* Communication from the Commission to the Euro-pean Parliament, the Council, the European Economic and Social Committee and the Committee of the Regions. COM (2014) 440 Final. 2. 7. 2014. Brussels.

European Parliament and the Council, 2013. Decision No 1386/2013/EU on a*General Union Environment Action Programme to* 2020 'Living Well, *within the Limits of our Planet'* . 20 November 2013.

GGGI (Global Green Growth Institute), 2012. *Agreement on the Establishment of the Global Green Growth Institute.* Online, available at: http://gggi. org/wp-content/uploads/2012/10/Agreement-on-the-Establishment-of-the-GGGI. pdf (accessed 29 September 2014).

Green Growth Group, 2013. *Going for Green Growth.* Online, available at: www. gov. uk/government/uploads/system/uploads/attachment_data/file/2530 29/Green_Growth_Group_Joint_Pamphlet. pdf.

Green Investment Bank, 2014. *Green Investment Bank.* Online, available at: www. green-investmentbank. com.

Greenskills4greenjobs, 2013. 'Background'. Online, available at: www. greenskills4green-jobs. co. uk/background/ (accessed 26 March 2015).

Hall, M. , 2014. *EU Tables 'Circular Economy' Package with Zero-landfill*

Goal. Eurac-tiv, March. Online, available at: www. euractiv. com/sections/ sustainable-dev/eu-tables-circular-economy-package-zero-landifll-goal-303259 (accessed 2 November 2014).

HM Government, 2011a. *Enabling the Transition to a Green economy: Government and Business Working Together.* London, UK. Online, available at: www. gov. uk/govern-ment/uploads/system/uploads/attachment _ data/file/ 183417/Enabling_the_transition_to_a_Green_Economy Main_D. pdf (accessed 4 October 2014).

HM Government, 2011b. *Skills for a Green Economy, a Report on the Evidence.* London, UK. Online, available at: www. gov. uk/government/uploads/system/uploads/attach-ment_data/file/32373/11 – 1315-skills-for-a-green-economy. pdf.

HM Government, 2014. *Europe 2020: UK National Reform Programme.* Online, avail-able at: http://ec. europa. eu/europe2020/pdf/csr2014/nrp2014 _ uk _ en. pdf (accessed 20 August 2014).

House of Commons, 2009. *Green Jobs and Skills: Second Report of Session* 2008 – 09. London. Online, available at: www. publications. parliament. uk/ pa/cm200910/cmselect/cmenvaud/159/159i. pdf (accessed 16 November 2014).

House of Commons and Environmental Audit Committee, 2011. *The Green Investment Bank.* Online, available at: www. publications. parliament. uk/pa/ cm201011/cmselect/cmenvaud/505/505. pdf.

Hürriyet Daily News, 2011. Protecting the Environment is Low Priority for Turks. Online, available at: www. greeneconomyturkey. com/articles/protecting-the-environment-is-low-priority-for-turks-says-report (accessed 20 October 2014).

IRS, 2014. *Yearly Average Currency Exchange Rates, Translating Foreign Currency into US Dollars.* Online, available at: www. irs. gov/Individuals/International-Taxpayers/Yearly-Average-Currency-Exchange-Rates（accessed 19 November 2014）.

Jones V. , 2009. *The Green-collar Economy.* New York：HarperCollins.

Krugman, P. , 2010. Building a Green Economy. *New York Times*, 7 April. Online, avail-able at：www. nytimes. com/2010/04/11/magazine/11Economy-t. html? ref = magazine.

Maradan, D. , Maro, P. , Schram, A. and Wolters, T. , 2011. *Scoping Study on the Role for the Green Economy in the European Union External Action*, Brussels：European Exter-nal Action Service.

Mazza, L. and Brin, P. , 2012. *Green Economy in the European Union. Supporting Brief-ing.* UNEP.

Millennium Institute, 2012a. *Growing Green and Decent Jobs.* ITUC. Online, available at：www. ituc-csi. org/IMG/pdf/ituc＿green＿jobs＿summary＿en＿final. pdf（accessed 19 November 2014）.

Millennium Institute, 2012b. *United States Country Profile*, online, available at：www. ituc-csi. org/IMG/pdf/us_country_profile_mar2012. pdf.

OECD, 1999. The Environmental Goods and Services Industry：Manual for Data Collec-tion and Analysis, OECD, Paris.

OECD, 2009. *Declaration on Green Growth.* C/MIN（2009）5/ADD1/FINAL 25 June 2009, online, available at：www. oecd. org/env/44077822. pdf.

OECD, 2010. *Interim Report of the Green Growth Strategy：Implementing our Commit-ment for a Sustainable Future.* Online, available at：www. oecd. org/green-growth/45312720. pdf（accessed 25 September 2014）.

OECD, 2011. *Towards Green Growth.* Online, available at：www. oecd. org/green-growth/48224539. pdf（accessed 24 September 2014）.

OECD, 2014. *OECD Economic Survey Turkey.* Online, available at：www. oecd. org/eco/surveys/Overview_Turkey_2014. pdf（accessed 5 October 2014）.

PWC, 2013. *Decarbonisation and the Economy*. Online, available at: www. pwc. nl/nl _ NL/nl/forms/download/decarbonisation-and-the-economy. jhtml? processed = true (accessed 30 March 2015).

PWC, 2014. *Two Degrees of Separation: Ambition and Reality*. Low Carbon E-conomy Index 2014. Online, available at: www. pwc. co. uk/assets/pdf/low-carbon-economy-index-2014. pdf (accessed 30 March 2015).

SDSN and IDDRI, 2014. *Pathways to Deep Decarbonisation*. Paris: Science Po. Online, available at: http://unsdsn. org/wp-content/uploads/2014/02/DDPP _interim_2014_exec-utive_summary. pdf (accessed 24 October 2014).

Sim, G. and Rong, F. , 2010. 'China is Set to Lose 2% of GDP Cleaning Up Decades of Pollution'. *Bloomberg News* 17 September 2010. Online, available at: www. bloomb-erg. com/news/2010 − 09 − 16/china-set-to-lose-2-of-gdp-fight-ing-pollution-as-doing-nothing-costs-more. html (accessed 2 December 2014).

Sustainable Prosperity, 2012. *Towards a Green Economy in Canada*. Online, a-vailable at: www. sustainableprosperity. ca/dl864%26display.

Tamanini, J. , 2014. 'The Global Green Economy Index'. *GGEI* 2014 *Measur-ing National Performance in the Green Economy* 4*th Edition*, online, available at: http://dualcitizen-inc. com/GGEI-Report2014. pdf.

UAEMinistry of the Environment and Water, 2013. *UAE to Host First Global Conference on Partnership for Acton on Green Economy*, Statement issued by the UAE Ministry of the Environment and Water at a press conference on 17 De-cember 2013. Online, available at: www. unep. org/greeneconomy/Portals/ 88/PAGE/UAE% 20press% 20release% 20 − % 2017% 20dec% 202013. pdf (accessed 2 November 2014).

UN, 2012. *A Guidebook to Green Economy*. Online, available at: http://sus-tainabledevelop-ment. un. org/content/documents/GE% 20Guidebook. pdf (ac-cessed 6 November 2014). UN Environment Management Group, 2011.

Working Towards a Balanced and Inclusive Green Economy (4). Online, available at: www. unep. ch/etb/pdf/2009% 20statement% 20deliver% 20as% 20one/Interagency% 20Joint% 20Statement. % 20E% 20rev1. pdf.

UNEP, 2011. ' Introduction, Setting the Stage for a Green Economy Transition'. Online, available at: www. unep. org/greeneconomy/Portals/88/documents/ger/1. 0_Introduction. pdf (accessed 10 November 2014).

UNEP, UNCTAD, UNDESA, 2011. *Transition to a Green Economy: Benefits, Chal-lenges and Risks from a Sustainable Development Perspective.* UN.

Webb, C. and Esakin, T. , 2011. *Green Economy for Canada: Consulting with Canadians.* Canadian Institute for Environmental Law and Policy. Online, available at: http:// cielap. org/pdf/CIELAP_GreenEconomy. pdf.

World Bank, 2012. *China* 2030. Online, available at: www. worldbank. org/content/dam/Worldbank/document/China-2030-complete. pdf (accessed 21 November 2014).

WWF, 2014. *Living Planet Report* 2014. Online, available at: wwf. panda. org/about_our_earth/all_publications/living_planet_report (accessed 21 November 2014).

第三章　绿色发展

概　念

绿色发展概念起源于亚太地区，该地区近 30 年来的经济发展史无前例，令人震惊。

亚洲的经济增长一直备受各种理论学派包括主流派新古典主义观察家和许多非主流派经济学家的关注。他们认为亚洲经济取得的显著成绩与政府而非市场作用有很大关系。一方面，通常这些学派倾向在国民经济框架内分析亚洲经济的发展模式。另一方面，飞鹅理念常用于解释说明地区经济赶超式的发展过程，尤其是 20 世纪 80 年代中后期的发展过程。该理念建立在隐式假设的基础之上，即后工业化者可做到后来居上，只要其从早期工业化者的经验中学习按市场理性主义行事（kashara，2013）。

1995～2002 年，亚太地区对水资源、能源和新材料的需求增加了50%，这意味着必须注重资源的有效利用。《部长声明》（首尔绿色发展活动网）和 2005 年可持续发展地区实施计划都提及了提高能效。政府和来自亚洲及太平洋地区的利益相关者一致赞成实施可持续发展，寻求绿色"发展"途径（Allen and Clouth，2012）。

基于该声明，联合国亚太经济与社会委员会（UNESCAP）提出了将支持绿色发展作为实现可持续发展和千年发展目标（特别是与消除贫困有关的目标 2 及与环境可持续性相关的目标 7）的重要战略倡议。《部长声明》中的绿色发展计划立足于谋求经济与环境的可持续协调发展，提高经济发展的生态效率和加强环境与经济的合力优势。

韩国自 2008 年采用绿色发展战略以来，一直在推广绿色发展理念，如通过经济合作与发展组织。经济合作与发展组织部长级理事会由来自各国的 30 个成员和 5 个准成员组成。这些成员的经济约占全球经济的 80%。2009 年，该理事会提出了一项声明，认为绿色和发展可以并进，并提出制定绿色发展战略的目标，即将经济、环境、技术、金融和发展纳入同一个总体框架。

2010 年，绿色发展被提上各组织的议事日程。

• 东南亚国家联盟（ASEAN）实施东盟领导人关于可持续发展的联合声明。

• 联合国亚太经济与社会委员会成员实施关于绿色发展的仁川声明。

• 环境与发展第六次部长级会议重申支持阿斯塔纳绿色经济宣言（起初称为首尔绿色发展倡议网）。

• 二十国集团韩国峰会认为绿色发展是可持续发展的一部分。

• 成立全球绿色增长研究所（GGGI）。

东盟领导人关于可持续恢复力与发展的联合声明强调了领导人促进绿色发展的决心，包括为使经济多元化，确保经济的灵活性而对环境长期可持续和自然资源可持续利用的投资。

"绿色发展仁川声明"表明了联合国亚太经济与社会委员会成员的决心，即"努力实施绿色发展战略以回应并战胜当前的危机"。在该背景下，绿色发展的重点是亚太地区的发展中国家，要协调其经济发展与环境可持续性之间的关系，同时提高经济发展的生态效率及环境与经济的协同力。

二十国集团首尔峰会认为绿色发展是可持续发展不可或缺的部分，被视为创造新技术的手段。

全球绿色增长研究所创建于 2010 年，是首尔推进绿色发展模式的一家非营利机构。2012 年，全球绿色增长研究所在"里约+20"峰会上被提升为新的国际组织。该协会致力于推进绿色发展，使其成为一种新型的经济发展（目标是消除贫困、创造就业及社会包容）和环境可持续发展（缓解气候变化、生物多样性保护、清洁能源和水资源安全）模式。

全球绿色增长研究所认为绿色发展的三大困难是：

• 缺乏规划与实施绿色发展战略及展示已证明成果方面的实际经验；

• 缺乏具有信服力的经济理论和政策议程说明绿色发展基本原理及其追求；

• 工业和金融市场发展缓慢导致私有企业参与不足，从而导致资源节约型技术的大规模部署和资本配置中环境外部性的内部化。

因此全球绿色增长研究所将活动重点集中在：

• 采纳和实施绿色发展计划（获得地方利益相关者大力支持，提供资金和技术）；

• 为决策者提供相关的高水平研究成果；

• 私营部门参与国家绿色发展计划。

全球绿色增长研究所致力于为发达和发展中国家、公有和私有部门、从业者和学者搭建平台。总目标是建立基于全球绿色增长研究所的知识、网络与经验交流渠道，给发展中国家提供最好的技术帮助与支持，推动其实施经济绿色发展战略。全球绿色增长研究所对联合国成员开放，只要认同该研究所的目的与目标的国家都可以加入该机构。区域集合组织，由特定地区主权国组成的组织，也有资格成为全球绿色增长研究所的成员。

2011年经济合作与发展组织启动绿色发展战略，将绿色发展定义为促进经济增长与发展的必由之路，同时确保资源的可持续性，为人类提供赖以生存的环境与资源服务（OECD，2011）。自2011年，经济合作与发展组织就已成为绿色发展的重要倡导者，支持各国努力实施绿色发展战略。该组织认为绿色发展会带来低碳、气候恢复与资源效率经济（OECO，2011）。它是实施经济增长与发展的必由之路，同时有助于防止环境退化、生物多样性丧失、自然资源不可持续利用（OECD，2010）。绿色发展的关键要素是：

- 绿色投资；
- 研发；
- 低碳基础设施建设；
- 税收手段；
- 劳动力市场与经济政策的协调；
- 国际合作（OECO，2009，2010）。

经济合作与发展组织2011年的报告强调了环境政策中经济增长的另外五大途径，包括生产率（提高生产力，减少浪费和能源消耗，使资源利用最大化）、技术创新、创造新的市场和就业机会、提振投资者信心和宏观经济环境的稳定性（如降低资源价格的波动）（OECD，2011）。

各国数据评估对比指标数显示了抽样国的排名情况，并突出强调了每一个国家的绿色潜力。这些指标数据（来自已有数据，概括性地反映在表3.1中）是建立在经济合作与发展组织监控绿色发展进程的总体框架的基础之上。指标可分为四大信息主题：环境生产力、资源生产力、自然资源基础和生活品质。

表 3.1 能源消耗和排放指标

	能源消耗/人（千克油当量）	实际国内生产总值/能源消耗（美元/千克油当量）	名义国内生产总值/能源消耗（美元/千克油当量）	二氧化碳排放量/人（千克）	二氧化碳排放量/实际国内生产总值（千克/美元）	二氧化碳排放量/名义国内生产总值（千克/美元）	二氧化碳排放量增长率（1999～2009年）（%）
中高收入国家	2177	5.2	n/d	5.3	0.5	n/d	n/d
欧元区/欧洲经济与合作组织	3763	8.2	5.6	8.4	0.3	0.4	− 5
东欧和中亚	3030	3.6	0.7	7.2	0.7	3.3	− 38
全球	1835	5.5	3.3	4.6	0.5	0.7	38
韩国	5260	6.1	—	11.5	0.4	—	80
日本	3539	9.9	—	9.2	0.3	—	− 3
加拿大	7275	5.7	—	14.7	0.4	—	− 5
澳大利亚	8830	7.2	—	16.9	0.4	—	8
欧盟	3482	9.9	—	7.9			
土耳其	1333	8.9	3.6	4.0	0.3	0.7	102
巴西	1295	7.4	3.6	1.9	0.2	0.4	74
中国	1598	3.6	1.4	5.0	0.9	2.2	207
印度	545	5.1	1.3	1.4	0.5	1.8	172
墨西哥	1698	7.9	4.1	4.5	0.3	0.6	51
俄罗斯	4838	3.1	0.6	10.8	0.8	3.9	− 30
美国	7503	5.8	5.3	19.3	0.4	0.5	7

资料来源：《世界发展指标》，2011 年版，世界银行；以美元计价的实际国内生产总值；除名义国内生产总值/能源消耗，二氧化碳排放量/名义国内生产总值和二氧化碳排放量增长率（1990～2009 年）（按部门划分计算方法）来源于《燃料燃烧产生的二氧化碳排放》，2011 年版，国际能源署；2000 年以美元计价的国内生产总值。

　　另外，可持续发展与国际关系研究所（IDDRI）[1]最近的一份报告认为绿色发展基本依赖低碳经济（IDDRI, 2014）。绿色发展需要：

- 节能，尤其是交通、建筑和工业部门的节能；

- 低碳发电，用核能和可再生能源代替化石燃料，如太阳能、水能、风能和地热能，或化石燃料燃煤与碳捕获与封存相结合；

- 改变终端能源供给，以低碳燃料取代交通、建筑和工业部门的化石燃料。

绿色发展的主要驱动力和障碍不仅已为人所知，而且迄今至少已有13种公认的绿色发展定义，其中包括参与绿色发展工作的国际行为体给出的描述，如联合国亚太经济与社会委员会、经济发展与合作组织、世界银行和全球绿色发展协会（见专栏 3.1）。

专栏3.1　所选的绿色发展定义

1. 旨在促进经济增长与发展，同时确保自然资源与环境得以保护和保持。高度重视智能电网和高效照明系统以及可再生能源，包括太阳能和地热能的技术与创新（Global Sustainability Panel, 2011）。

2. 推动经济增长与发展，同时确保自然资源的可持续性，为人类提供赖以生存的资源和环境服务（OECD, 2011）。

3. 亚太地区实施的重点政策，强调经济环境的可持续发展，同时促进低碳和社会包容性发展（UNESCAP website）。

4. 总的来说，是促进环境可持续、低碳和社会包容性发展的经济进程。追求绿色发展可概括为实现经济增长和更美好的人类生活，同时为满足食品生产、交通、建筑、住宅和能源需求而提高资源效率、减少排放的必由之路（UNESCAP, 2012）。

5. 使增长在不减速的情况下变得更为节能、清洁和更具弹性。发展是绿色的（节能的）、清洁的、有弹性的（World Bank, 2011）。

6. 一种新的革命性发展模式，在维持经济增长的同时确保气候与环境的可持续性。它试图挖掘应对这些挑战的根源以确保为资源分配开辟必要的渠道及为贫困人口提供基本的生活必需品（GGGI website）。

7. 促进低碳和社会包容性发展的环境可持续经济发展进程。与经济合作与发展组织的定义相似，同样强调绿色投资是经济发展的驱动力（UNDESA-Rio + 20 Objectives and Themes of the Conference）。

8. 强调高效、清洁与弹性发展，即提高资源使用效率，将环境污染影响和自然危害降到最低（World Bank, 2010a）。

9. 强调高效、清洁与弹性发展，即提高资源使用效率，最大限度减少污染、环境影响和自然危害，加强环境管理与保护自然资本，防止自然灾害。这样的发展需要包容性。包容性绿色发展旨在协调发展中国家对快速发展和消除贫困与保护环境（避免对环境产生不可逆的影响，从而付出高昂代价）的需求间的关系（World Bank, 2012b）。

10. 通过节源和高效使用资源减少气候变化及环境破坏，通过绿色技术研发，获得新增长动力，创造新就业机会，实现经济与环境和谐发展的增长（RoK Framework Act on Low Carbon, Green Growth, 2010）。

11. 被定义为促进低碳、社会包容性发展的环境可持续进步（Government of Cambodia, 2009）。

12. 一个全新的理念，认为保护环境是发展全球与国家经济的驱动力。该观点再次聚焦社会质量的发展，而不仅是国内生产总值的增长（Government of Rwanda, 2011）。

13. 意味着"与减少温室气体排放相结合的或由其驱动的新增就业与国内生产总值的增长"（Green Growth Leaders, 2011）。

资料来源：Allen and Clouth（2012）。

专栏 3.1 呈现的各定义表明，绿色经济的概念在世界银行的各类文件中得以不断深化。其主要特征为绿色发展是高效、清洁和弹性的，这是肯定的，但最近的定义更详细地说明了这一点。后来的解释补充称绿色发展具有弹性，因为它考虑到自然灾害并强调了环境管理与自然资本在预防自然灾害方面的作用（见专栏 3.1）。绿色发展模式也被纳入世界银行集团 2012～2022 年的环境发展战略，该战略制定了相关议程以支持"绿色、清洁与弹性"发展路径。在该前提下，绿色指的是可持续管理和自然资源保持（海洋、土地和森林）以改善生活和确保食品安全。清洁指的是低污染与低排放，即更洁净的空气、湖泊江河与海洋资源，让人类过上健康富足的生活。这样的发展需要可再生能源、气候智能型农业和低碳城市方面的金融创新。弹性意味着做好应对冲击和有效适应气候变化的准备。世界银行明确了增长与发展之间的关系，并声称绿色发展模式应能实现可持续和包容性发展，满足 90 亿人口的基本需求，赋予他们享有经济繁荣的同等权利。

世界银行关于《包容性发展》的报告认为：可持续发展之路（绿色发展的核心）的基本假设是环境资源未被有效利用（World Bank，2012a）。基于这一点，绿色发展潜力巨大，它是一种有效、清洁和弹性的发展。绿色发展政策的目的是将环境可持续与经济发展和社会进步相结合以促进可持续发展。

为了认识和解决二十国集团绿色发展理论与实践的主要知识鸿沟，2012 年轮值主席国墨西哥将"包容性发展"列为二十国集团发展议程上的首个跨领域议题，并在墨西哥搭建了一个国际知识分享的平台，即绿色发展知识平台。

绿色发展知识平台聚集了国际各大组织（世界银行、联合国环境规划署、经济合作与发展组织和全球绿色发展协会）。它们的目的是帮助各国设计和实施政策，朝绿色经济迈进。国际货币基金组织（IMF）认为全球经济危机后重建世界和实施新的低碳发展模式需要资金资助，因此积极提议建立绿色基金，每年提供 1000 亿美元资助全球经济转型，以便各国能够应对气候变化带来的挑战。

绿色发展有利于主要经济体恢复实力。此外，世界银行还认为高收入国家似乎"最终都能摆脱全球金融危机的影响"，投资者恐慌性撤离新兴经济体将会进一步损害它们的经济发展与就业，全球经济脆弱与不平衡现象将继续存在。

全球经济面临的最严重问题是收入差距拉大和结构性失业增加（WEF，2014a cf. Piketty，2014）。目前，多数政府的政策几乎没有提出应对这些问题的办法。对经济紧缩政策做出以下调整将能创造就业，有利于促进绿色发展（ITUC，2014b）：

- 投资定点基础设施项目以提高长期生产能力和向低碳经济转型；
- 通过减少不平等现象和加强劳资双方就最低工资问题的谈判，提高中低收入家庭的购买力；
- 制定积极的劳动市场政策以提高员工技能和减少年轻人失业现象；
- 在新兴和发展中国家创造体面的工作机会。

绿色发展和深度减碳是两个相互关联且不可分割的概念[2]，被认为是决定未来实现包容性与可持续发展的关键因素（Canzi and Tkacik，2014）。深度减碳意味着能源系统的根本性变革，必须在 2050 年前实现，包括所有经济部门都要快速降低碳浓度（Sachs and Tubiana，2014）。

尽管就如何实现绿色发展，世界各国采取的具体政策措施不一，但都包含了四个共同要素：

- 减缓温室气体排放；
- 适应气候变化；
- 其他环境保护（清洁的空气和水、自然美景和生物多样性）；
- 创新与绿色就业（前提假设是向绿色经济转型将会促进新兴行业的技术创新和贸易竞争）。

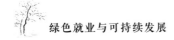

每个要素的相对优先权依赖于各国国情（Bouzaher et al.，2013），主要是能否获得各类资本支持。

国家策略

韩国

韩国是实施绿色发展的先行者，但仍然是主要的碳排放国之一。

韩国是最早实施和推动绿色发展模式的国家。2008 年，为应对全球危机，韩国政府将"低碳绿色发展"作为国家的新发展前景。韩国政府制定了三条重要的发展原则以突破"绿色"与"发展"之间的相互制约关系：

- 保持富有成效的经济生产活动并将能源和资源消耗减到最低；
- 将每种能源和资源的消耗带来的环境压力减至最低；
- 把环境投资作为经济发展的驱动力。

绿色发展将以下三个互为补充的目标联系在一起：

- 通过激励绿色发展来应对金融危机；
- 减少对能源的依赖；
- 从长远的角度来看，使绿色部门的经济再度达到平衡。

金融危机将韩国发展模式的重大缺陷——依赖能源进口（96% 的能源进口，占所有进口的 2/3）暴露无遗。韩国计划将能源强度减少46%，同时增加可再生能源的比例，由 2007 年占全部能源的 2.4% 提高至 2030 年的 11%。此外，2009～2013 年五年计划将国内生产总值的 2% 拨给 10 个绿色发展战略项目，每一个项目都包含定量目标和明确计划。

随后，2009 年韩国制定并颁布了 2009～2030 年绿色发展国家战略和 2009～2013 年五年绿色发展计划（伴随低碳绿色发展框架法案的实施），以实际行动回应气候变化，消除贫困和将环境损害最小化。自这些政策颁布以来，韩国和经济合作与发展组织一直在丰富和发展绿色发展概念的含义。

2013 年，新政府上台后偏离了前任政府的战略发展轨道，尤其是有关绿色发展的战略倡议。之后，韩国总统再度支持前任政府的气候变化政策，并着手实施"绿色发展 2.0"计划。该计划的重点是如何减排。韩国的目标是到 2020 年国家的温室气体排放比正常水平减少30%。为实现该目标，政府已将目标管理计划落实到位，要求 470 家企业和机构必须确定排放目标。如果它们未能达到这些目标（Hyon-hee，2013），则需缴纳高达 1000 万韩元的罚金（9400 美元）。这项计划是2015 年采用低碳交易体制的前奏。在该计划体制下，企业将仅能通过购买那些排放低于所配定额的公司或机构的信用分来增加自己的排放配额。

然而，作为主要碳排放国之一，韩国可能无法履行上述承诺。2010年，其温室气体排放与 2009 年相比增加 9.8%（增加到 6.69 亿吨），主要原因是电力需求和工业生产激增。

日本

日本旨在在全世界范围内推广其技术以减少全球温室气体排放。

日本在 20 世纪 90 年代经济长期停滞不前（所谓失去的 10 年），到2002 年经济开始复苏。尽管国内需求低迷，但出口驱动了日本经济的复苏。2008 年，全球经济发展速度减慢，伴随日本货币升值出口减少。因此，为恢复经济发展，2009 年基于国内需求、技术创新和在亚洲地区增强的经济整合力，日本实施了新发展战略（2010 年重新修订）。新发展战略认为技术创新的目的是解决环境问题，以恢复和长期发展经济。

新发展战略涵盖了经济合作与发展组织所定义的绿色发展的所有主要要素：它强调环境保护、经济发展和社会变化之间的关系，试图全面阐述可持续发展的环境要素及较为完整的方式方法。引领环境和能源方面的全面创新是日本新发展战略的基本方针政策。至 2020 年新发展战略的目标包括：

- 创造超过 50 万亿日元的市场价值和 140 万个与环境部门有关的就业岗位；
- 通过在世界范围推广日本技术从而至少减少 1300 吨二氧化碳当量的全球温室气体排放。

直至 2011 年福岛核电站事故发生[3]，人们一直在关注能源安全和气候变化问题，由此推动了可再生能源的发展和对核电站规模的控制。2012 年实施的环境与能源创新战略和自然资源与能源咨询委员会关于基本能源计划评估的结果都表明应当减少对核能的依赖。因此，2012 年核电站的发电量较 2010 年的水平大幅下降。虽然终端用户部门提高了能源使用效率，减少了对能源的依赖，但还需进口石化燃料，尤其是增加液化天然气（LNG）的进口。因此，为实现到 2050 年（与 1990 年相比）减少 80% 温室气体的排放目标，就必须提高能源效率，减少能源消耗，加大可再生能源的比例。由于可再生能源分布不均衡，因此需要区域电力交换及对连接容量的相关投资。

因此，绿色发展依赖能源系统的大规模转换，尤其是将各种可再生能源（太阳光伏、风电）整合为电力系统将是一项巨大的挑战。用电需求管理被认为是具有可操作性的选择，但仅靠市场机制无法实施。因此，还需要额外的政策工具（电力动态定价）。此外，低碳技术的部署速度也受到公众接受度的强烈影响（Kainuma et al.，2014）。

中国

中国认为绿色发展应基于绿色服务与绿色消费。

近 30 年来,中国的经济经历了"飞鹅式"的发展历程。中国经济模式的转变可以分为三个阶段,每个阶段为 10 年:

- 第一个阶段是实施以出口为导向的战略。在此期间,制造业在核心产业中的比重迅速上升(劳动密集型轻工业)。
- 第二个阶段,重化工比例上升。该阶段的重点是发展资本密集型或资源密集型重工业。
- 第三个阶段的特点是实施以科学与技术为导向的战略。

20 世纪 90 年代经济结构的转变最终导致能源消耗的增加。

随着向绿色经济转型,中国的单位国内生产总值能耗已经下降了一半以上,从 1990 年的 700 千克油相当于单位国内生产总值 1000 美元到 2008 年的 300 千克油相当于单位国内生产总值 1000 美元。尽管取得了举世瞩目的成绩,但中国单位国内生产总值的能耗是全球平均水平的 2 倍。因此,中国有降低碳排放的巨大潜力。碳强度的降低不能完全依赖技术进步,因为中国的发电厂很多是新建成的,生产效率高,同时对于能源密集型的工业而言,与发达国家相比其效率差异往往更低(10% ~ 20%)。中国当务之急是要调整产业结构,转变发展模式,减少重工业与化工行业及减少能耗产品如钢铁和水泥行业的生产,即工业部门才是中国经济发展的主要驱动者,2010 年占最终总能耗的 68%。此外,该部门几乎占与能源相关的二氧化碳总排放量的 71%。少数能源密集型行业(钢铁、水泥、合成氨和乙烯生产)消耗了工业部门所用能源的近 50%。这也与中国城市化发展进程密切相关,城市化推动了对建筑材料(钢铁、水泥)的需求。据估计,每年城市化率约增加 1%(Fen et al.,

2014）。

绿色发展需要调整经济结构，降低能源强度和推广非化石燃料的使用。绿色发展也可以满足国民经济发展的需要。

过去 30 年，中国经济增长的特点一直表现为高储蓄率和高投资率。中国未来将继续保持 7% 左右的发展速度，降低储蓄率和投资率同时增加国内生产总值中消费的比重。为在降低投资率的同时使经济发展保持较高的水平，中国需提高投资生产率。以下深度减碳战略举措有助于提高效率：

- 经济结构转型，转向资本密集度较低的部门（如从工业部门转向服务业部门）；
- 通过节能方式提高资本投资的产出效率；
- 提高其他要素的效率，特别是劳动力与能源效率（Fei et al.，2014）。

绿色发展预计将创造新的就业岗位（680 万个直接和间接），实现政府利用太阳能和风力发电的目标。

假定经济每年以 7% ~ 8% 的速度增长，并逐步由基础行业向服务行业转移，那么就能再创造 2000 万个就业岗位。如果将能源效率提高 60%，最终将会导致约 1730 万个就业岗位被裁减。但如果将发展重心转移到低碳和服务部门，则可能会创造更多的就业，远远超过裁岗数量，创造近 1000 万个就业岗位（Global Climate Network，2009）。

中国的绿色发展有三个主要渠道：

- 传统部门的绿色转型；
- 新兴绿色产业的发展；
- 服务行业的扩张（World Bank，2010b）。

首先，运用现有的常规技术和管理模式可以减少能源使用和排放，提高企业的盈利水平。以单位产出一次能源消耗量衡量，中国国内生产总值的能源强度是德国的两倍之多（2009 年分别为每百万美元产出 390 吨煤当量和每百万美元产出 167 吨煤当量）。建筑业和工业部门具有创造巨大、潜在金融储蓄的能力（据估计至 2030 年达到 650 亿美元）（World Bank，2012b）。绿色发展还有其他益处，如：

- 改善当地空气质量，从而降低与空气污染有关的呼吸系统疾病的发病率；

- 减少运输和水等相关部门的技术限制；

- 减少进口依赖。

具有成本效率的能源效率和可再生能源投资通过削减生产成本、减少温室气体排放和降低部门的公共卫生风险，提供了三赢的结果（赢－赢－赢）。到 2030 年，这些与健康相关的协同效应的价值为每年 200 亿美元，而每年的直接储蓄为 650 亿美元。

其次，新兴绿色产业（如太阳能和风能及设备制造业和电动汽车业）的扩张促进了低碳、低资源和环保技术、产品和出口的发展。此外，公众意识的提高将有助于将消费者的需求转向绿色产品。

中国在政府投资和政策的支持下继续吸收和开发新的绿色技术，这将有助于提高竞争力和促进经济的增长。中国刚起步的环保产业的增长表明了国家政策对促进绿色产业发展的重要性。

最后，经济绿色转型将对服务业产生两个方面的影响：

- 绿色转型会促进服务行业的发展，如生态系统服务、碳资产管理服务、碳交易和合同能源管理；

- 绿色转型有助于推动国家计划的实施，将国民经济由重工业制造转向更为广阔的服务领域，使经济重新趋于平衡。

中国制造有望提高生产效率和资源的使用效率，甚至超过高收入国家水平，因此绿色经济发展将会减少中国的碳足迹。

国内生产总值中的服务行业贡献比重的上升有利于降低碳浓度和能

源强度（附加值）。2009 年，第二产业的能源强度是农业的 8 倍、服务业的 5 倍。国内生产总值中服务行业比重每增加 1%，能源消耗就降低 1.4%（World Bank，2012b）。

澳大利亚

澳大利亚的绿色发展主要依赖大幅减碳和节能。

澳大利亚人均温室气体排放量很高，这是因为电力供应中大量使用煤炭，而煤炭约占澳大利亚温室气体排放量的 2/3。几十年来，能源、矿产和农产品出口在澳大利亚经济中占主导地位。为适应国际市场的需求，对特定商品进行调整成为当务之急。

发展绿色化可使经济保持持续增长（到 2050 年，平均每年增长 2.4%），经济景气繁荣，碳足迹减少。与现在相比，经济将增长 150%。生产力不断提高，实际工资增长 43%，出口每年增长 3.5%（Jotzo et al.，2014）。

澳大利亚经济绿色发展并不均衡。绿色发展由诸如可再生能源生产和林业部门的活动推动，但同时主要行业的产量（如煤炭生产、石油提炼和重工业制造）将大幅降低。澳大利亚发展绿色化主要取决于能源转换的脱碳（主要是发电），以及电气化（由脱碳电力供应）和燃料转换。这可能导致所有经济部门的能源使用强度降低近 75%。此外，到 2050 年工业能源碳排放量可减少近 60%，而工业活动的经济附加值将增加 1 倍以上。建筑行业提高能源效率和直接使用燃料（如取暖用气）的电气化以及使用脱碳电力可能使至 2050 年温室气体的排放量减少 95%。2012～2025 年，运输部门道路交通油耗可减少 85%。

近年来，引入碳价格机制及相应的配套措施，鼓励投资清洁能源技术，促进了绿色发展。然而，2013 年政府放弃了气候条约，议会正在考虑通过立法废除碳税，取消气候变化管理局和清洁能源金融公司（CEFC）。

据估计，绿色发展可使绿色部门增加 2270 亿美元的价值，由 155 亿美元增加到 2430 亿美元，绿色就业岗位到 2030 年将增至 84.7 万个（ACTU，2008）。创新是发展的主要动力。政府直接投资于研发部门，支持创新，增强创新能力，鼓励私人投资，培养知识和技能。千年研究所估计 5 年内可以创造更多的就业岗位，前提是 2% 的国内生产总值可用于支持绿色发展。根据估计，澳大利亚在 5 年间可创造约 89 万个新就业岗位、建筑和运输部门各占约 1/3，其余为制造业和能源部门（见表 3.2）。

表 3.2　澳大利亚 5 年间绿色发展创造的新就业岗位

单位：个

就业岗位（个）	投资占 2% 的国内生产总值，5 年间创造的新就业岗位				
欧元投资额	总计	能源	建筑	交通	制造
46726	882971	94035	343395	342931	102610

资料来源：Millennium Institute（2012）和作者的计算。

欧盟及其成员国

循环经济是绿色发展的必由之路吗？

对欧盟而言，"绿色经济"是一种模式。

确保增长和发展，保障人类健康和福祉，提供体面的工作机会，减少不公平现象，投资和保护生物多样性，包括提供生态系统服务（自然资本），以实现内在价值和对人类福祉及经济繁荣的重要贡献，这是绿色经济的重要内容（European Parliament and the Council，2013）。

欧盟成员国认为绿色经济是确保可持续发展的重要手段，而亚洲国家则认为只有推进绿色发展才能创造绿色经济。

　　提高资源效率，发展"循环"经济，创造的就业机会能实现减碳和绿色发展的目标（EC，2014：3；SSDN & IDDRI，2014）。提高能源重复和循环使用率，促进环境友好型就业（多种就业措施）能使"绿色经济"平稳过渡，避免由当前工业模式引起的错位。目前的工业模式是线性的（提炼—制造—消费—处置）（EC，2014），而绿色发展模式则是循环式的，即竞争力取决于资源生产力。

　　欧洲委员会将绿色发展模式用于描述由资源匮乏、技术转型与创新、新市场开发与需求变化驱动的结构性经济转型。欧洲 2020 战略的核心目标是向绿色、低碳和资源效率型经济过渡，实现快速、可持续和包容性增长（e. g. EC，2014：2）。

　　良好的环境有助于经济部门的发展。金融危机爆发前，欧洲经济部门为社会提供了约 2100 万个就业岗位，创造了数万亿欧元的价值（GHK et al.，2007）。如今，稳定的劳动力市场和技能是促进绿色发展的关键要素。此外，环境政策也有助于推动就业增长与技术创新，最终推动经济的健康发展，提高社会福利。

　　据 Jaeger 等（2011）所言，如果欧洲的减排目标是到 2020 年从 20% 提高至 30%，欧洲经济的年增长率将可上升 0.6%，新增就业岗位 600 万个，投资占国内生产总值的比重将由 18% 提升至 22%。

　　欧盟的评估表明，2014～2020 年将欧盟总预算的 14% 投资于可再生能源、自然保护、绿色建筑和可持续交通将可创造约 50 万个净就业机会。投资绿色化预期可使每欧元创造的就业机会翻三番：10 亿欧元可创造 13 万个就业机会（GEF，2013）。

　　具体部门的研究提供了不同的评估数据：至 2020 年，建筑节能部门可新增 26.14 万～37.8 万个就业岗位，可再生能源部门可创造 270 万个就业岗位（根据 20% 的可再生能源目标）。依据循环使用率（分别为

50% 和 70%）（见表 3.3）。

表 3.3　欧盟部门绿色就业发展前景和必要投资

单位：个，十亿欧元

部门	现存就业量	2020年绿色就业发展前景	2030年绿色就业发展前景	2050年绿色就业发展前景	就业岗位（个）/欧元投资额	至2020年的必要投资额
生态行业	2900000 ~ 3600000	n/a	n/a	n/a	n/a	n/a
建筑节能	232000	261400 ~ 378000	n/a	n/a	38610	10.1 ~ 14.6
可再生能源	1114210	2700000	4400000	6100000	18957	51.2
高效运输、可持续交通	2100000	n/a	n/a	n/a	46511	n/a
有机农业	220000 ~ 260000	2400000 ~ 2963000	n/a	n/a	151515	n/a
生态多样化，自然保护	n/a	n/a	n/a	—	34482	n/a
废物循环再利用	2963000	n/a	n/a	n/a	46948	139

＊加权平均。

资料来源：Millennium Institute（2012）和作者的计算。

2020 年要实现新增绿色就业（约 600 万个），必须投资 2000 亿欧元。欧盟创造绿色就业所需的投资额为 19000 ~ 152000 欧元。然而，欧盟成员国与部门之间尚有很大的差异性。

千年研究所的分析显示德国为创造就业所进行的投资几乎是保加利亚的 5 倍，但德国的投资潜力（430 万个就业岗位）比保加利亚（17.7 万个就业岗位）高很多。虽然西班牙创造就业的成本与德国相当，但投资潜力（基于国内生产总值的估计）的差距表明如果采取同样的政策（5 年内投资 2% 的国内生产总值），德国可能增加 2.5 倍多的绿色就业机会（见表3.4）。

表 3.4　选定的欧盟成员国对绿色就业发展的必要投资

单位：个

国家	就业岗位（个）/欧元投资额	投资占 2% 的国内生产总值，5 年间创造的就业岗位			
		能源	建筑	交通	制造
德国	32438	377430	1870345	2147845	444340
保加利亚	8486	7720	60985	79370	29255
西班牙	31400	134715	505725	927945	216955

资料来源：Millennium Institute（2012）和作者的计算。

据估计，德国每减少 20% 的资源和能源消耗每年就可增加 2.9% 的资源生产力。产生的经济效益包括创造超过 100 多万个就业岗位，提高经济增长率和占 12% 的国内生产总值，资源与能源的回报期分别为 1 年和 6 年（GHK，2009）。成员国之间资源效率的差异表明提高资源生产力尚有巨大的空间。提高生产力或缓解向低碳经济过渡的技术需求的增长的趋势将提供新的就业机会。目前很难评估该影响，因为新增就业岗位分布在各经济部门，但某些龙头行业，如可持续建筑，显然可视为经济增长的源泉。

英国是服务贸易主导型发达经济体，近几十年来制造业基础不断下降。它曾是石油、天然气的主要生产国，但不断减少的外汇储备增加了对进口的依赖。近 10 年来，英国的能源政策出现了三大问题：能源安全、支付能力和脱碳系统。[4]

环保皇家委员会在 2000 年的一份报告中提出至 2050 年减少超过 60% 的二氧化碳排放，以应对全球气候变化带来的挑战。随后的 10 年间，英国政府进行了大量的战略分析，进一步评估了绿色发展对技术经济的影响。基于这些分析，英国 2008 年制定了具有法律效应的减排目标。[5]

2010 年，英国温室气体排放量为 602 吨二氧化碳（不包括国际航空和航运），其中 80% 为化石燃料燃烧产生的二氧化碳。最大的排放源来自发电、交通和建筑，占二氧化碳排放总量的 77%。

自 1990 年来，温室气体排放量一直呈下降趋势，2010 年排放量比 1990 年低 22%。其中一半以上（56%）为二氧化碳排放，剩余为非二氧化碳排放。"全力推广天然气"与经济结构调整已成为温室气体减排的主要推动力。

全力推广天然气实际上是电厂大规模采用天然气发电替代之前以煤发电为主的做法。经济结构调整最终将大幅降低源自工业的碳排放（包括钢铁部门）并鼓励向低能源密集型经济转型。

相关机构预测英国经济近期将继续以约 2.2% 的速度增长，2022~2050 年增长速度为 2.5%。人口将从 6370 万人（2012 年）增长至 2030 年的 7080 万人和 2050 年的 7660 万人。经济和人口增长令减排更具挑战性。

绿色发展要求：

● 提高能效（将 2010 年国内生产总值的能源强度从 2.7 兆焦耳/美元降至 0.8 兆焦耳/美元，即约 70% 的降幅）。

● 2030~2050 年，为使低碳电力成为能源消费部门最终减排的启动方式，首先（2013 年前）要走脱碳化之路（电力生产的碳排放由 503 立方厘米/千瓦时降至 10 立方厘米/千瓦时）。

● 推进电气化（将最终总能源中的电力份额由 2016 年的 19% 增至 2050 年的 47%）。

英国的增长绿色化依靠低碳电力转型（包括核能、碳捕获与封存及可再生能源，尤其是风能）和 2000 亿~3000 亿英镑的投资。这意味着由于加大建设资本密集型低碳电厂和大型电厂生产技术的改造和升级，到 2020 年年均需投资 61 亿英镑（每年增容 3.4 千兆瓦），到 2030 年年均需投资 123 亿英镑（5.7 千兆瓦）。

因此，消除投资风险至关重要。英国政府力图通过电力市场改革（EMR）鼓励对尚不成熟的低碳发电进行大规模投资。

其他风险涉及碳捕获与封存的可行性、新核能设施的可接受性和可再生能源的供给安全。

碳捕获与封存技术尚未获得大量的、有效的验证。提供 20 年来在英国部署首座新核能反应堆（欣克利角 C）的成本效益是提高其可接受性和公众认可度的关键。增加可再生能源的份额，尤其是风能，往往伴随着技术操作的挑战，包括需求响应、储备和联网问题。而且，这需要加大基础设施的投入。

向低碳经济转型极具挑战性，需要各种备选方案作为支持。但这也是大力投资研发和基础设施的好时机。新行业与投资（包括与能源替代和新能源设施改造有关的投资）的出现对经济发展大有益处。利用低碳技术和资源基础也可增强能源安全。政府在为转型创造适宜的投资环境中起着重要作用。关键举措包括：

● 保持政治意愿，制定独立的 5 年一次的碳预算计划和相应的实施政策；

● 通过电力市场改革，刺激投资资本密集型、成熟度较低、潜在间歇期更长和投入回报期更长的低碳发电；

● 将研发重点放在英国能从中获得经济利益的技术上，包括离岸汽车工业和其他能源技术制造商。

经济绿色化会带来显著的改善。英国企业通过提高资源使用效率，每年可节约约 230 亿英镑（Hollins，2011）。促进节能的前期成本并不高，有些甚至不涉及任何成本。投资回报期为一年或一年以下。

英国的环境产品和服务部门一年可创造约 5 万个就业岗位，前提是绿色投资银行可促进低碳经济增长（Leaton and Reed，2013：11）。

英国工会联盟的评估结果表明如果能实现 2020 年的可再生能源目标，可再生能源部门将新增约 10 倍就业：就业岗位由 1.6 万个增至 13.3 万个。为设计、安装和操作这些新技术，仅风力发电部门（如果容量增至 30.8 千兆瓦）就可创造 3.6 万个就业岗位。

政府部门的预测更为乐观。预计至 2020 年可投资 1000 亿英镑，创造高达 50 万个就业岗位。然而，关于现有就业和部门规模的数据差异很大（10 倍）。按政府估算，风力发电部门 2007～2008 年创造的价值为 115 亿英镑，就业岗位为 8.75 万个。而按英国风力能源协会的估算，风力发电行业创造的价值则约为政府估算的 1/10，就业岗位仅为 5000 个。

美国

绿色发展建立在清洁能源、低碳措施和研发基础上。

美国是世界第二大温室气体排放国，也是人均能源与化石燃料生产和消费最高的国家之一。绿色发展要求逐步实现能源部门（能源生产、运输和使用方式）的深度转型，并且进行大幅减排，促进基础设施的技术转型。

美国温室气体排放主要来自化石燃料燃烧产生的二氧化碳。2012 年，与能源有关的所有排放（包括燃料燃烧产生的无组织排放）为 5499 吨二氧化碳，几乎占温室气体总排放 6526 吨二氧化碳的 85%。其中 5027 吨二氧化碳（78%）由化石燃料燃烧产生。至 2050 年，美国要努力达到气温上升 2℃ 的目标[6]，人均排放量就需要减少一个数量级，这在技术上是可行的（Energy and Environmental Economics Inc.，2014）。

绿色发展要求：

- 提高建筑、交通和工业部门能源终端的使用效率；

- 电力和其他燃料生产脱碳；

- 终端燃料供给由高碳转型为低碳供给。

绿色发展遭遇的挑战主要是成本、政策、公众支持和资源有限（主要为可用生物量和二氧化碳存储容量）。

许多降低成本的低碳举措通常能推动市场转型与生产发展。在以下领域，研发同样也很重要：

- 电化学和纳米技术（研究化学物质、催化剂、改进电池、燃料电池、化学处理和二氧化碳捕捉的基础物理矩阵）；

- 生物技术和基因组学［研究纤维藻类生物燃料、生物合成天然气（SNG）生产和生物制氢］。

公众的支持对措施的实施具有关键作用，尤其是关系到低碳基础设施的部署。

短期内，对最终用途能源效率（建筑、电器、设备和车辆）的重大改进可能会启动绿色发展，前提是能够成功（如通过规范和标准的改进）应对阻碍成本效益措施实施的市场失灵。

鉴于生产资源的生命周期较长，发展绿色化要求所有新煤炭生产都具备碳捕捉和储存的技术条件。为制订工业和货运低碳燃料解决方案，需要额外的研发投入。

自 2006 年以来，各国致力于发展绿色经济，最终导致大幅减排。2000 ~ 2010 年能源强度降低了 15% 以上。

2011 年美国清洁能源的投资额达 455 亿美元，比前一年增加 46%，是世界上投资额最高的国家。2012 年新能源总量的一半（49%）为可再生能源。

这些投资还得到了美国刺激计划的支持，该计划拨款 940 亿美元用于绿色技术研发。能源部门新增就业的成本为 130000 ~ 190000 欧元，这笔投资可创造约 100 万个就业岗位。

据估计，绿色投资占美国国内生产总值的 2%，创造了 300 万 ~ 400 万个就业岗位，约占总就业岗位的 2.1% ~ 2.8%。平均每百万美元投资创造 18 个就业岗位。

创造一个就业岗位需投资约 42896 欧元，比欧盟多 30%。[7] 表 3.5 列出了美国相关部门绿色就业发展前景和必要投资。

表 3.5 美国相关部门的绿色就业发展前景和必要投资

部门	投资份额	年创造就业岗位数量（个）	5 年间创造的就业岗位数量（个）	就业岗位（个）/百万美元	就业岗位（个）/欧元投资额
能源	30	288386 ~ 389695	1948475	4 ~ 6	130833 ~ 196250
建筑	30	1343763 ~ 1818032	9090160	20 ~ 27	29074 ~ 39250
交通	20	1182502 ~ 1599865	799325	26 ~ 35	22429 ~ 30192
制造	20	250991 ~ 339576	1697888	6 ~ 7	112142 ~ 130833

资料来源：Millennium Institute（2012）和作者的计算。

加拿大

至 2050 年电力、建筑和交通部门实现碳减排。

加拿大的环境对实现绿色发展提出了诸多挑战：

- 土地面积幅员辽阔，需要大量交通设施；
- 气候特殊，需要冬季取暖和夏季降温；
- 资源部门对经济发展极为重要。

为有利于实现全球气温上升低于 2℃ 的目标，加拿大必须大幅降低二氧化碳的排放，2010 ~ 2050 年减排近 90%，在保持经济强劲增长的同时，碳减排需由 2010 年人均 20.61 吨二氧化碳当量降至 2050 年的人均低于 2 吨二氧化碳当量（Bataile et al.，2014）。[8]

这就要求在技术引进、能源利用和经济结构方面做出大调整。

绿色发展使电力、交通和运输部门到 2050 年实现减排。这需要：

- 进一步增强和提高终端能源的使用效率；
- 电力部门要大力减排；
- 燃料需向低碳燃料和无碳能源载体转型（如电力、交通生物燃料和氢气）；
- 工业生产和热生成过程（如通过碳捕捉和封存及工艺变更）中产生温室气体的直接排放。

燃料生产和矿石开采部门是出口型企业，在加拿大经济中发挥着重要作用。这些部门的减排主要取决于现有技术（如碳捕捉和封存技术），即加拿大经济绿色化高度依赖技术创新和部署，这就需要投资、创新和全球研发合作及公众的支持。

墨西哥

服务与智慧城市发展驱动绿色发展。

墨西哥一直使用化石燃料且使用范围越来越广，导致温室气体排放量上升。人口逐步趋于稳定增长，预计 2050 年可达 1.51 亿（Buira and Tovilla，2014）。

在该背景下，绿色发展可促进经济持续增长，减缓气候变化和调整相关共同利益（改善当地的健康状况，增加经济储蓄，提高生产率，减少贫困和增强社会包容性）。

绿色发展应由服务部门驱动，到 2050 年服务部门创造的价值可能占国内生产总值的约 70%（2010 年该部门的价值约占国内生产总值的62%）。相比其他部门的经济活动，服务部门的活动耗能更少，碳强度更低。因此，经济结构转型可以减少温室气体的排放。

人均国内生产总值的增长与中等城市的发展有很大的相关性。2010

年，城市人口达到 72%，预计 2030 年将达到近 83%。因此，智慧城市的发展是迈向更高效、更具持续性绿色发展的关键。

此类转型要求调整和改善当前的政策（主要涉及能源补贴和化石燃料进口碳税机制的引入）。为过渡提供资金资源和具有成本效益的技术选择（如对于碳捕获与封存而言，电动汽车、太阳能发电收割机、生物燃料生产、零碳或负碳农业和林业研发技术的引入可支持可持续生物能源作物生产，减少碳排放）也是必要的。此外，还必须实施更好的城市和区域规划，因为规划较好的城市会带来必要的行为改变。

墨西哥经济绿色化效果模拟显示预期结果是就业增加、产量减少。例如，用相应的绿色活动替代 10% 的农业、电力能源、建筑、制造业和旅游业终端需求的结果可能是产量净减少 86.53 亿墨西哥比索（占墨西哥生产的 0.04%）和净就业岗位增加 736376 个，占总就业人数的 2%。

大多数绿色活动是劳动密集型的，因此其绿色乘数效应比传统就业高。就业乘数高的部门通常是有机农业、绿色建筑、可再生能源、制造业、废物管理和临时住宿服务。

例如，农业产量每增加 100 万墨西哥比索，农业活动就能创造 16 个就业岗位，而有机农业增加同样的终端需求，则可创造 45 个就业岗位。因此，绿色活动可产生更大或等同于传统活动的乘数效应。因此，18.15 亿个直接环境工作又可创造 9.71 亿个间接就业岗位，共增加 278.6 万个岗位。除就业效应外，有机农业是一类包容性的农村发展模式。由于消除了有害化学品的影响，有机农业的作业环境优于传统农业。为推进有机农业的发展，需要制定部门政策和激励措施以刺激国内需求（国内需求低迷）。目前有机农业的发展依赖于国际市场。要促进有机农业的发展就必须加快实施农民有机农业知识培训方案。

鉴于国家气候变化政策及其 2030 年的目标，由于可再生能源生产部门是第二大经济生产部门，因此其将成为实现环境和经济目标最具潜力的部门。此外，可再生能源产业发展主要依靠服务、建筑和制造业的投入和地方经济活动的加强。可再生能源部门创造的间接就业岗位是直接岗位的两倍。既然体面就业指数为 79，说明具有良好的工作条件，可再生能源生产活动产生的就业可视为绿色就业。

土耳其

绿色发展被视为加入欧盟的必要条件。

2001～2010 年，实际国内生产总值的增长超过 50%。[9] 2003～2007 年其平均增长率达 7%（20 世纪 90 年代约为 4%）。2008～2009 年金融危机爆发后，增长率快速恢复，2010 年达 9.2%，2011 年达 8.5%。人均收入达 10444 美元，通货膨胀率（70%）降至 10% 以下。经济增长依然与能源消耗密切相关。[10]

服务部门成为土耳其的经济支柱，其对国内生产总值的贡献率约为 68%，接下来是工业（23%）和农业（9%）。以牺牲工业、农业为代价，进一步扩大和发展服务行业最终可能会导致广泛使用的资源（包括土地、水和能源）减少和排放增加（污染和废物）。

土耳其拟定了绿色发展《远景规划文件》以作为对"里约 + 20"峰会的回应。远景聚焦于：

• 展示为实现经济快速增长所做出的努力，同时将环境可持续性要求纳入关键部门的政策和方案；

• 作为 2014～2018 年第十个国家发展计划（NDP）的预备部分，确定可实施的附加政策和制度措施以进一步促进经济绿色化，而非短期内侵蚀其发展潜力。

此外，至 2030 年土耳其的发展目标包括：

• 成为世界十大经济体之一；

- 国内生产总值达到 2 万亿美元；
- 对外贸易额超过 1 万亿美元；
- 人均收入达到 25000 美元；
- 失业率降至 5%；
- 完成与欧盟的正式成员国谈判；
- 将伊斯坦布尔进一步发展成为主要的国际金融中心；
- 成为区域内和区域外主要的制造商和服务商。

加入欧盟期间，需遵守欧盟法律，要求经济绿色化。环境合规的成本高昂，涉及水和空气污染处理、废物和化学品管理、生物技术、辐射防护和自然保护等方面的投资。欧盟综合环境近似战略（2000～2023）预计，总费用约为 590 亿欧元，其中近 58% 用于水利部门。目前，土耳其用于环境保护的经费不到国内生产总值的 0.5%。预计在几个峰值投资年，该份额可占国内生产总值的 2%。

六个工业制造部门，汽车、建筑、电子、钢铁、机械工业与白色产品、农业，被视为绿色发展战略性产业。[11]

土耳其的汽车工业是经济先驱，即最具活力的部门。2000～2010 年其年均增长率达 4.2%。汽车工业是空气污染的主要来源［如挥发性有机化合物（VOC）和二氧化碳排放］、固体废物（如油漆、金属废料、零件和消耗品）、有害废物（如油漆淤泥、油、电池、电子产品）和废水（油和化学排放，尤其是来自未经注册的维修店）。

工业绿色化计划包括：

- 节能（如隔热、发热发电和锅炉热量再利用，并逐步转型到可再生能源）；
- 采用汽车和车辆改良技术（如较轻的车身材料、轮胎性能、直接燃油喷射、多种燃料和混合燃料车辆、混合燃料汽车、欧盟车辆排放标准）；

● 改善所有生产设施中的废物管理（包括分离和循环），并加强对理化水处理厂的管理。

此外，还采取措施减少车辆使用期限对环境产生的影响（保养和维修期间的废物管理和报废品的回收）和严格遵守欧盟报废车辆的指令（ELV 2000/53/EC），该指令要求欧盟成员国保证至 2015 年至少 85% 的车辆被重新利用或回收（包括能源回收）。

钢铁行业是世界第二大二氧化碳排放户。2010 年钢铁产量达到 3000 万吨。就钢铁产量而言，土耳其居世界第 10 位，欧洲第 2 位。自 2001 年以来土耳其的钢铁产量几乎翻番（增幅快，仅次于中国）。土耳其的钢铁工业大部分是绿色化生产，因其产能的 80%（2010 年 4270 万吨）使用的是电弧炉（EAF）技术，剩下的 20% 使用的是更脏、能效更低的综合钢铁厂（ISP）技术。[12]

通过减少生产过程中的碳排放（尤其是 ISP），降低其他污染物（如重金属）的排放强度，钢铁工业尚有进一步绿色化的潜力。[13]

建筑部门的绿色化潜力在水泥行业得以体现。全球和土耳其的水泥行业都是碳排放大户（占温室气体总排放的 5%）。土耳其是十大水泥生产国之一，也是全球水泥主要出口国。水泥行业污染问题的关键在于它直接影响健康，其污染包括高浓度铬（重金属），其浓度是欧盟研究指令要求水平的 15 倍，以及高水平二氧化碳、氮氧化物、粉尘和硫的排放。

虽然水泥部门经历了重大的现代化建设历程，但就资源使用效率和减污减排而言，仍有绿色化的潜力。

机械工业对国内生产的贡献率总计近 4.5%，创造就业岗位约 20 万个，其总产值约为 250 亿美元。因其跨度大，涉及范围广（农业电子、食品、建筑采矿和纺织机器），该行业的乘数效应对鼓励投资和刺激对中间商品和服务的需求极为重要。此外，该行业对国家的整体竞争力也有很大影响。自 1990 年以来，机械工业每年持续增长约 20%。其绿色化潜力尚未确定，主要是通过能源审计来确定潜在的能源效率或燃料替代措施及减少和回收废物（特别是金属和塑料）、废水、固体废物和有害物质的措施。

土耳其家用电子行业原来只是与国外合作的组装行业，现已获得巨大发展并成为土耳其经济的王牌行业。该行业目前对国内生产总值的贡献率约为 1%，2010 年出口额为 27 亿美元。2000～2010 年，家用电子行业的出口额增加了 7 倍。由于该行业与市场需求的联系及对创新和研发的重视，因此具有进一步绿色化的良好潜力。除生产中的能源效率外，增加金属和塑料的收集和再利用将对降低成本和减少污染产生积极影响。

自 20 世纪 80 年代末以来，土耳其电子行业通过与欧洲或美国签订许可协议获得了大力发展，逐步走向成熟。作为创新、质量和竞争力及出口驱动型增长的旗舰，该行业一直在为土耳其经济创造价值（2010 年国内生产总值的贡献率为 1.5%，出口额为 60 亿美元）。2000～2010 年，电子行业出口增加近 4 倍。有害废物（包括重金属如铅、镉和汞）和能源消耗是电子类产品生产中遇到的最大问题。

许多旧设备和废物是由非正规废品交易商收购并在二级市场出售，这为电子行业的绿色化创造了机遇。

近几十年来，农业发展一直落后于人口增长速度，平均增长率为 1.2%～1.5%。农业部门就业率最高（原住农村的妇女 84% 受雇于该部门）。人口增长（自 2000 年以来，每年增长 1.35%）和人均消费增加是市场需求的主要动力。越来越多的财富预计将推动对资源占用率更高的产品的需求，比如肉类产品。因此，资源基础限制了农业发展。农业绿色化要求提高资源使用率，缓解气候变化带来的风险。

巴西

绿色发展需要制定与林业相关的具体措施。

人口与经济增长被认为是与能源有关的二氧化碳排放增加的驱动力，而与能源有关的单位国内生产总值二氧化碳强度从 1990 年到 2000 年有所增加，但在 2001 年到 2010 年期间有所下降。

巴西广泛使用清洁能源，因此人均与能源有关的温室气体排放量相对较低。历史上，主要排放集中在农业、林业和其他土地利用上，主要与森林砍伐、农作物种植和牲畜饲养有关。1990～2010 年，巴西人口由 1.41 亿人增至 1.91 亿人。

由于森林砍伐急剧减少，温室气体排放量从 1990 年的 14 亿吨二氧化碳当量减至 2004 年的 2.5 亿吨二氧化碳当量。随后大幅下降（50%），2010 年达到 1.25 亿吨二氧化碳当量。因此，2005～2010 年温室气体排放量组合中的二氧化碳的份额由 73% 下降至 57%。

到 2030 年，巴西经济绿色化要求能源以外的部门脱碳。除（能源、交通、工业和建筑）标准措施外，巴西的绿色发展需实施与林业有关的具体措施，主要是造林规划。

据估计，巴西可在不影响增长、就业和发展目标的情况下，将温室气体排放量减少 37%。此外，巴西新的土地利用计划到 2030 年减少高达 68% 的森林砍伐（De Gouvello，2010）。

绿色发展要求转型和结构调整，前期投入很大。"低碳方案"需要在 20 年内追加 4000 亿美元左右的投资（World Bank，2010）。因此，公众必须提高对气候变化的潜在危险和无作为陷阱的认识。考虑到巴西经济的低储蓄能力，资金流动将主要来自巴西境外（Lebre La Rovere and Gesteira，2014）。

结束语

绿色发展理论在传统经济增长理论中加入了自然资本问题。自然资本是指维持经济和社会的生态系统。随着 20 世纪 70 年代环境经济学的兴起，自然资本日益融入传统的经济增长模式中。但这在很大程度上是"消极的"，意味着自然资本或更确切地说有限的自然资本强加的边界对经济增长施加了潜在的限制。

与认为绿色发展是最先进的经济增长类型的传统（韩国）方法不同，还有一种（欧洲）方法认为绿色发展是创造绿色就业的结果，也是实现绿色经济的途径。

尽管对因果无一致定论，但普遍认为绿色发展能够创造经济和环境效益，因此有利于可持续发展。

注　释

1. 可持续发展与国际关系研究所是总部设在巴黎的非营利政策研究机构。它是一家独立机构，在谈判和决策过程之前调动资源和专门知识来传播相关的科学思想和研究。

2. 联合国亚太经济与社会委员会认为绿色低碳增长是一种理念———一条新的经济发展之路（ESCAP, 2012）。

3. 这次事故发生在因地震引发海啸造成的福岛核电站泄漏之时，该事故造成核电站的 6 座反应堆中的 3 座反应堆熔毁。

4. 皮耶和阿纳达拉哈（2014）。

5. 气候变化法案（2008）规定到 2050 年实现温室气体减排 80%（相对于

1990 年的水平）的目标。5 年碳预算是由气候变化委员会独立提出并监控的。

6. 10 多年来，将全球平均地表温度上升限制在 2℃似乎是国际气候政策讨论中的一个简单目标。20 世纪 90 年代初期，2℃目标首次得到重视，许多国际科学工作小组提出这一限度是为维持人类（和其他物种）在过去 12000 年中相对稳定的气候条件并防止气候变化引起的干旱、热浪和海平面上升的重要影响。

7. 为转换之需，根据美国国税局数据（在线，参见 www.irs.gov/Individuals/International-Taxpayers/Yearly-Average-Currency-Exchange-Rates，2014 年 11 月访问）采用 2010 年美元与欧元的年平均汇率。

8. 预计人均国内生产总值从 2010 年的 27288 美元增加至 2050 年的 78882 美元，而人口则由 3380 万人增加至 4830 万人。

9. 布扎尔等（2013）。

10. 土耳其是工业能源使用增长速度最快的 20 个国家之一。土耳其的人均用电量从 1980 年到 2005 年增长了 6 倍，从 2005 年的 300 千瓦时增长到 2010 年的 400 千瓦时。

11. 制造部门的战略重要性源自下述原因：（a）建筑部门被突出强调为经济增长的主要动力；（b）各部门都应遵守欧盟环境法指令；（c）按提高投入效益和降低污染强度估算，制造部门"绿色化"潜力巨大。各部门制定了战略，提供信息分析服务。农业作为非制造部门，由于其经济上的重要性和"绿色化"潜力也被引入战略重要范围。

12. 有两种广泛使用的生产技术：由高炉和碱性氧气炉组成的综合钢厂和电弧炉。综合钢厂使用焦炭减少高炉中的铁矿石，而电弧炉主要使用废金属（通过高压熔化）。

13. 在钢铁行业应用创新的绿色解决方案同样具有潜力，例如杜巴利用钢铁行业的热量进行海水淡化，促进循环经济发展。

References

Allen, C. and Clouth, S. , 2012. 'A Guidebook to the Green Economy'. Issue 1: *Green Economy, Green Growth, and Low-carbon Development-History, Definitions and a Guide to Recent Publications.* Division for Sustainable Development, New York: UNDESA.

Bouzaher, A. , Guadagni, M. , Sahin, S. , Meisner, C. , Raiser, M. and Kasek, L. P. , 2013. *Turkey Green Growth Policy Paper: Towards a Greener Economy.* Washington, DC: World Bank.

Bataille, C. , Chan, J. , Sawyer, D. and Adamson, R. , 2014. *Pathways to Deep Decarboni-sation, Chapter Canada.* 2014 report SDSN and IDDRI. Online, available at: http:// unsdsn. org/wp-content/uploads/2014/09/DDPP_2014_report_Canada_chapter. pdf (accessed 15 October 2014).

Buira, D. and Tovilla, J. , 2014. *Pathways to Deep Decarbonisation, Chapter Mexico.* 2014 SDSN and IDDRI report. Online, available at: http://unsdsn. org/wp-content/uploads/2014/09/DDPP _ 2014 _ report _ Mexico _ chapter. pdf (accessed 15 October 2014).

Canzi, G. and Tkacik, J. , 2014. 'Environment and Economic Growth: Inevitable Con-flict?' In *Global Development Goals: Partnerships for Progress.* London: United Nations Association UK. Online, available at: http://17aa4714 8cdcdf8b5c51-da5ed-784d101708d617ec977f64 49487. r27. cf2. rackcdn. com/ Global%20Development%20Goals%202014. pdf accessed (2 November 2014).

Capozza, I. , 2011. 'Greening Growth in Japan'. *OECD Environment Working Papers, No.* 28. Paris: OECD Publishing. Online, available at: http://dx. doi. org/10. 1787/5kggc0rpw 55l-en (accessed 14 October 2014).

De Gouvello, C. , 2010. *Brazil Low-carbon Country Case Study.* Washington,

DC: World Bank Group. Online, available at: http://siteresources. world-bank. org/brazilextn/Resources/Brazil_LowcarbonStudy. pdf (accessed 4 October 2014).

EC, 2012. *Exploiting the Employment Potential of Green Growth.* SDW (2012) 92. 18. 4. 2012. Brussels.

EC, 2014. *Green Action Plan for SMEs, enabling SMEs to turn Environmental Challenges into Business Opportunities.* COM (2014) 440 final. Brussels, 2. 7. 2014.

Energy and Environmental Economics, Inc. , 2014. *Pathways to Deep Decarbonisation, Chapter United States.* 2014 report SDSN and IDDRI. Online, available at: http:// unsdsn. org/wp-content/uploads/2014/09/DDPP_2014_report _United_States_chapter. pdf (accessed 15 October 2014).

ESCAP, 2012. *Low Carbon Green Growth Roadmap for Asia and the Pacific, Turning Resource Constraints and the Climate Crisis into Economic Growth Opportunities.* Bangkok: UN. Online, available at: www. timhaahs. com/wp-content/uploads/2014/03/Low-Carbon-Green-Growth-Roadmap-for-Asia-and-the-Pacific. pdf (accessed 17 October 2014).

European Parliament and the Council, 2013. *Decision No 1386/2013/EU on a General Union Environment Action Programme to 2020 'Living well, within the Limits of our Planet'.* Online, available at: http://faolex. fao. org/docs/pdf/ eur129696. pdf (accessed 1 November 2014).

Fei, T. , Qiang, L. , Alun, G. , Xi, C. , Chuan, T. and Xiaoqi, Z. , 2014. *Pathways to Deep Decarbonisation, Chapter China.* 2014 report SDSN and IDDRI. Online, available at: http://unsdsn. org/wp-content/uploads/ 2014/09/DDPP_2014_report_China_chapter. pdf (accessed 15 October 2014).

GGGI (Global Green Growth Institute), 2012. *Agreement on the Establishment of the Global Green Growth Institute.* Online, available at: http://gggi. org/wp-content/uploads/2012/10/Agreement-on-the-Establishment-of-the-GGGI. pdf（accessed 29 September 2014）.

GHK, 2009. *The Economic Benefits of Environmental Policy Global Climate Network, Low Carbon Jobs in an Interconnected World.* Online, available at: www. ippr. org/pub-lications/low-carbon-jobs-in-an-interconnected-world （accessed 2 December 2014）.

Hall, M. , 2014. *EU Tables 'Circular Economy' Package with Zero-landfill Goal.* Euractiv 03/07/2014. Online, available at: www. euractiv. com/sections/sustainable-dev/eu-tables-circular-economy-package-zero-landifll-goal-303259 （accessed 1 November 2014）.

Hollins, O. , 2011. *Resource Efficiency.* Research project. UK Department for Environ-ment, Food and Rural Affairs. Online, available at: www. gov. uk/government/news/research-shows-companies-can-save-money-by-helping-the-environment （accessed 2 April 2015）.

HM Government, 2011. *Skills for a Green Economy, a Report on the Evidence.* London, UK. Online, available at: www. gov. uk/government/uploads/system/uploads/attach-ment_data/file/32373/11 – 1315-skills-for-a-green-economy. pdf （accessed 2 November 2014）.

Hyon-Hee, S. , 2013. 'Korea Eyes Era of "Green Growth 2. 0" '. *Korea Herald.* 11 October. Online, available at: www. koreaherald. com/view. php? ud ＝20131110000342 （accessed 2 October 2014）.

ILO, 2014a. *World of Work* 2014. Report. Developing with Jobs. Geneva. Online, avail-able at: http://ilo. org/global/research/global-reports/world-of-work/2014/WCMS _ 243961/lang – – en/index. htm （ accessed 26 March 2015）.

ILO, 2014b. *Report III-Report of the Conference-19th International Conference of Labour Statisticians,* Geneva, 2 – 11 October 2013. Online, available at:

www. ilo. org/stat/Publications/WCMS_234124/lang – – en/index. htm （accessed 26 March 2015）.

ILO, 2014c. *Frequently Asked Questions on Green Jobs*. Online, available at: www. ilo. org/global/topics/green-jobs/WCMS_214247_EN/lang – – en/index. htm （accessed 26 March 2015）.

IMF, 2010. *IMF Proposes 'Green Fund' for Climate Change Financing*. Online, avail-able at: www. imf. org/external/pubs/ft/survey/so/2010/NEW013010A. htm （accessed 2 November 2014）.

IRS, 2014. *Yearly Average Currency Exchange Rates. Translating Foreign Currency into US Dollars*. Online, available at: www. irs. gov/Individuals/International-Taxpayers/Yearly-Average-Currency-Exchange-Rates （accessed 19 November 2014）.

ITUC, 2014a. *Official Website*. Online, available at: www. ituc-csi. org/ （accessed 29 November 2014）.

ITUC, 2014b. *Economic Briefing*. Online, available at: www. ituc-csi. org/IMG/pdf/ituc_economicoutlook_n3_en_4_. pdf （accessed 29 November 2014）.

Jaeger, C. C. , Paroussos, L. , Mangalagiu, D. , Kupers, R. , Mandel, A. and Tabara, J. D. , 2011. *A New Growth Path for Europe. Generating Prosperity and Jobs in the Low-carbon Economy*. Synthesis Report. A study commissioned by the German Federal Ministry for the Environment, Nature Conservation and Nuclear Safety. Online, avail-able at: www. pik-potsdam. de/members/cjaeger/a_new_growth_path_for_europesyn-thesis_report. pdf （accessed 29 November 2014）.

Jones, V. , 2009. *The Green-collar Economy*. New York: HarperCollins.

Jotzo, F. , Skarbek, A. , Denis, A. , Jones, A. , Kelly, R. , Ferraro, S. , Kautto, N. , Graham, P. , Hatfield-Dodds, S. and Adams, P. , 2014. *Pathways to Deep Decarbonisation. Australia Chapter*. 2014 report SDSN and ID-

DRI. Online, available at: http://unsdsn. org/wp-content/uploads/2014/09/ DDPP_2014_report_Australia_chapter. pdf (accessed 15 October 2014).

Kainuma, M. , Oshiro, K. , Hibino, G. and Masui, T. , 2014. *Pathways to Deep Decarbonisation*, *Japan Chapter*. 2014 report SDSN and IDDRI. Online, available at: http:// unsdsn. org/wp-content/uploads/2014/09/DDPP_2014_ report_Japan_chapter. pdf (accessed 15 October 2014).

Kashara, S. , 2013. *The Asian Developmental State and the Flying Geese Paradigm*. UNCTAD Discussion paper No. 213, November 2013.

Krugman, P. , 2010. 'Building a Green Economy'. *New York Times* 4 July. Online, avail-able at: www. nytimes. com/2010/04/11/magazine/11Economy-t. html? ref = magazine.

Leaton, J. and Reed, H. , 2013. *A Bank for the Future*. London: WDM. Online, available at: www. banktrack. org/manage/ems_files/download/a_bank _for_the_future_maximiz-ing_public_investment_in_a_low_carbon_economy/ 100810_a_bank_for_the_future. pdf.

Lebre La Rovere, E. and Gesteira, C. , 2014. *Pathways to Deep Decarbonisation*, *Chapter Brazil*. 2014 report SDSN and IDDRI. Online, available at: http://unsdsn. org/wp-content/uploads/2014/09/DDPP_2014_report_Brazil_ chapter. pdf (accessed 15 October 2014).

Millennium Institute, 2012a. *Growing Green and Decent Jobs*. ITUC. Online, available at: www. ituc-csi. org/IMG/pdf/ituc_green_jobs_summary_en_final. pdf (accessed 19 November 2014).

Millennium Institute, 2012b. *United States Country Profile*. Online, available at www. ituc-csi. org/IMG/pdf/us_country_profile_mar2012. pdf (accessed 14 October 2014).

OECD, 2009. *Declaration on Green Growth*. C/MIN (2009) 5/ADD1/FINAL 25 June 2009.

OECD, 2010. *Interim Report of the Green Growth Strategy: Implementing our Commit-ment for a Sustainable Future.* Online, available at: www. oecd. org/ green-growth/45312720. pdf (accessed 25 September 2014).

OECD, 2011. *Towards Green Growth.* Online, available at: www. oecd. org/ green-growth/48224539. pdf (accessed 24 September 2014).

Piketty, T. , 2014. *Capital in the Twenty First Century.* Cambridge, MA: Harvard Univer-sity Press.

Pye, S. and Anandarajah, G. , 2014. *Pathways to Deep Decarbonisation, Chapter United Kingdom.* 2014 report SDSN and IDDRI. Online, available at: http:// unsdsn. org/wp-content/uploads/2014/09/DDPP_2014_report_United_Kingdom_chapter. pdf (accessed 15 October 2014).

Sachs, J. and Tubiana, L. , 2014. *Pathways to Deep Decarbonisation.* 2014 report SDSN and IDDRI. Online, available at: http://unsdsn. org/wp-content/ uploads/2014/09/DDPP_Digit. pdf (accessed 15 October 2014).

UAE Ministry of the Environment and Water, 2013. *UAE to Host First Global Conference on Partnership for Acton on Green Economy*, Statement issued by the UAE Ministry of the Environment and Water at a press conference on 17 December 2013. Online, available at: www. unep. org/greeneconomy/Portals/ 88/PAGE/UAE% 20press% 20release% 20 – % 2017% 20dec% 202013. pdf (accessed 2 November 2014).

United Nations, 2012. *A Guidebook to Green Economy.* Online, available at: http://sus-tainabledevelopment. un. org/content/documents/GE% 20Guidebook. pdf (accessed 6 November 2014).

World Bank, 2012a. *Inclusive Green Growth: the Pathway to Sustainable Development.* Washington. Online, available at: http://siteresources. worldbank. org/ EXTSDNET/Resources/Inclusive_Green_Growth_May_2012. pdf (accessed 13 November 2014).

World Bank, 2012b. *China* 2030. Online, available at: www. worldbank. org/content/dam/Worldbank/document/China-2030-complete. pdf (accessed 21 November 2014).

WEF (World Economic Forum), 2014a. *Global Risks* 2014. Online, available at: www3. weforum. org/docs/WEF_GlobalRisks_Report_2014. pdf (accessed 25 November 2014).

WEF, 2014b. *The World Economic Forum's Outlook on the Global Agenda* 2014. Online, available at: www3. weforum. org/docs/WEF _ GAC _ GlobalAgendaOutlook_2014. pdf (accessed 25 November 2014).

第四章　可持续发展

概　念

可持续发展一词在布伦特兰委员会 1987 年的报告《我们的共同未来》中被使用并开始流行。该报告将可持续发展定义为"在不损害子孙后代利益的前提下满足当代人的需求"。

可持续发展综合了经济、社会和环境目标。它承认经济增长是必要的，但并不足以促进发展。可持续发展的概念已纳入《21 世纪议程》和 1992 年里约峰会发布的其他关键性文件，并在其他全球发展文件中得到详述（见表 4.1）。

表 4.1　全球可持续发展的关键举措

年份	联合国可持续发展倡议
1972	斯德哥尔摩联合国人类环境国际会议（制订联合国环境方案）
1987	联合国布伦特兰报告《我们的共同未来》
1992	联合国里约热内卢 – 可持续发展概念的实施（行动计划和措施） 21 世纪宣言 – 所有政策领域必须考虑到环境
2000	联合国大会 – 千年宣言 – 千年发展目标
2002	纽约内斯堡可持续发展问题世界首脑会议（缺乏对行动不力的制裁）
2002	联合国决议 – 教育促进可持续发展十年

年份	联合国可持续发展倡议
2012	"里约 + 20" 峰会 - "绿色就业"《我们期望的未来》
2013 ~ 2014	联合国大会 - 新的可持续发展目标 - 2015 年后

资料来源：作者的收集、整理。

联合国千年首脑会议的最后宣言，即 2000 年通过并由 189 个国家和地区签署的《千年宣言》，重申了《21 世纪议程》的原则并同时发布了国际发展议程。《千年宣言》列举了到 2015 年需实现的八项互为依存的千年发展目标，包括消除贫困和实现环境可持续发展（见表 4.2）。

表 4.2　千年发展目标和可持续发展目标（提案）

千年发展目标	可持续发展目标（提案）
1. 消除极端贫穷和饥饿 ● 将靠每日不到 1 美元维生的人口比例减半 ● 使所有人包括妇女和青年都享有充分的生产就业机会和体面工作 ● 将挨饿人口比例减半 2. 普及小学教育 ● 确保不论男童或女童都能完成全部初等教育课程 3. 促进两性平等并赋予妇女权利 ● 最好到 2005 年在小学教育中消除两性差距，至迟于 2015 年在各级教育中消除此种差距 4. 降低儿童死亡率 ● 将 5 岁以下儿童的死亡率降低 2/3 5. 改善产妇保健 ● 将产妇死亡率降低 3/4 ● 到 2015 年实现普遍享有生殖保健 6. 对抗艾滋病、疟疾和其他疾病 ● 遏制并扭转艾滋病的蔓延 ● 到 2010 年，向所有需要者提供艾滋病治疗 ● 遏制并开始扭转疟疾和其他主要疾病的发病率 7. 确保环境可持续性 ● 将可持续发展原则纳入国家政策和方案，减少环境资源的流失	1. 在世界各地消除一切形式的贫困 2. 消除饥饿，实现粮食安全，改善营养和促进可持续农业发展 3. 确保健康的生活方式，增进各年龄段人群的福祉 4. 确保包容、公平的优质教育，促进全民享有终身学习机会 5. 实现性别平等，为所有妇女、女童赋权 6. 确保所有人享有水和环境卫生权利，实现水和环境卫生的可持续管理 7. 确保人人享有可负担、可靠和可持续的现代能源 8. 促进持久、包容、可持续的经济增长，促进充分生产性就业，确保人人有体面工作 9. 建造有抵御灾害能力的基础设施、促进包容性的可持续工业发展，推动创新 10. 减少国家内部和国家之间的不平等 11. 建设包容、安全、有抵御灾害能力和可持续的城市与人类住区

千年发展目标	可持续发展目标（提案）
• 减少生物多样性的丧失，到 2010 年显著降低丧失率 • 到 2015 年将无法持续获得安全饮用水和基本卫生设施的人口比例减半 • 到 2020 年使至少 1 亿贫民窟居民的生活有明显改善 8. 全球合作促进发展 • 进一步发展开放的、遵循规则的、可预测的、非歧视性的贸易和金融体制 • 满足最不发达国家、内陆国和小岛屿发展中国家的特殊需要 • 全面处理发展中国家的债务问题 • 与制药公司合作，在发展中国家提供其负担得起的基本药物 • 与私营部门合作，发挥新技术，特别是信息和通信技术的优势	12. 确保可持续消费和生产模式 13. 采取紧急行动应对气候变化及其影响 14. 保护和可持续利用海洋及海洋资源以促进可持续发展 15. 保护、恢复和促进可持续利用陆地生态系统、可持续森林管理，防治荒漠化，遏制和扭转土地退化，遏制生物多样性的丧失 16. 构建有利于可持续发展的和平和包容社会，为所有人提供诉诸司法的机会，在各层级建立有效、负责和包容的机构 17. 强化执行手段，重振可持续发展全球伙伴关系

资料来源：作者对联合国（2010）和开放工作组（2014）资料的收集、整理。

地方、区域和全球的目标、活动及成果间的相互依存关系增加了规划、筹资和执行政策的难度。尽管存在这些困难，千年发展目标阐明了长期发展思路，为发展战略的实施提供了方向。千年发展目标特别呼吁将可持续发展原则纳入国家政策和方案。

根据《21 世纪议程》和千年发展目标，预计每个国家都将采取可持续发展战略，并于 2005 年前开始实施。各国、各区域可持续发展战略的政策框架（如基本国家可持续发展战略——欧洲、澳大利亚；其他可持续发展战略政策——日本等）存在很大差异（见表 4.3）。

2002 年在约翰内斯堡举行的可持续发展问题世界首脑会议试图评估千年发展目标和《21 世纪议程》的进展情况。得出的结论是两份文件均有力地支持了可持续发展原则，但缺乏执行手段和对不作为的制裁。

主要的全球发展文件（1992 年通过的《关于环境与教育的里约宣言》、《21 世纪议程》、2002 年执行的《约翰内斯堡执行计划》和千年

发展目标——尤其是目标 2：普及初等教育）强调素质教育和信息交流
是实现可持续发展的重要途径。为此，联合国教科文组织提出了《联
合国可持续发展教育十年纲领》（2005～2014），要求将关键的可持续
发展问题（如减缓气候变化、减少灾害风险、增强生物多样性、减贫和
可持续消费）纳入教学范畴。因此，可持续发展教育促进了人们持有批
判性思维、拥有国际视野和合作能力。联合国与其他国际组织及单个国
家教育部门的代表合作共同鼓励世界各国政府修改国家教育计划并将可
持续发展教育融入各相关层次的教育战略和行动计划中。

表 4.3　可持续发展战略的政策框架

国家	描述
欧盟	可持续发展战略
加拿大	部门可持续发展战略
美国	可持续发展行动计划（未被正式采用）
日本	《21 世纪议程行动计划》，基本环境计划和新增长战略
墨西哥	国家发展计划
巴西	巴西《21 世纪议程》
土耳其	发展行动计划
中国	中国《21 世纪议程》

资料来源：作者的收集、整理。

　　2012 年在里约热内卢举行的联合国可持续发展大会（“里约 + 20”
峰会）审视了全球可持续发展管理政策的优势与劣势并为未来的倡议和
挑战设定了目标。

　　《我们期望的未来》总结了会议的成果。文件强调，需将进一步加
强全球合作与伙伴关系以促进绿色发展，以此作为消除贫困的根本途径
和平衡经济、社会、环境关系的手段。

　　“里约 + 20”峰会的主要成果之一是同意在千年发展目标的基础上
制定一套可持续发展目标。新的全球发展目标提案包括 17 项具体目标

（见表 4.2）。它建立在弥补设计和实施千年发展目标存在的缺陷的基础之上。千年发展目标有助于提高人们对消除贫困和实现可持续发展必要性的认识。为此，国家和地方政府制订了若干方案和实施了一系列项目。这些行为使贫困（特别是亚洲地区的贫困）得以减少，健康状况得以改善，接受初等教育的机会得到提升，但其在完善就业政策、应对气候变化、消除饥饿和营养不良等方面取得的成效甚微。千年发展目标间的相互依存性及各国的特殊国情从未得到充分重视。例如，发达国家的贫困问题未被包含在任何目标文件中。因此，2015 年后的主要挑战将是加强全球伙伴关系以实现发展的最终愿景，即到 2030 年消除世界贫困。新的全球发展目标（到 2030 年在世界各地消除一些形式的贫困）远比只处理极端贫困问题而不解决发达国家城市地区贫困问题的千年发展目标更为远大。这一首要目标的提出反映了制定 2015 年后目标发生的最重要变化：制定具有普遍意义的目标，实现这些目标是所有国家的共同目的，但也需根据每个国家的具体情况加以调整。

到 2030 年，全世界可持续发展目标的成功实施将意味着减少 12 亿贫困人口和极端贫困人口，增加 4.7 亿拥有体面工作和高生活质量的人口，增加 12 亿用电人口，减少 2.2 亿受灾人口等。

要改善生活质量和条件就必须更加重视筹集稳定的长期发展资金，确定超出援助范围的优先事项并将全球伙伴关系和合作纳入所有目标文件。这包括在可持续发展目标（提案）第 17 项条款中：强化执行手段，重振可持续发展的全球伙伴关系。

尽管措辞不同，17 项可持续发展目标（提案）条款中至少有 3 项与绿色有关：

• 目标 8：促进持久、包容、可持续的经济增长，促进充分生产性就业，确保人人有体面工作。

• 目标 9：建造有抵御灾害能力的基础设施、促进包容性的可持续工业发展，推动创新。

　　● 目标 11：建设包容、安全、有抵御灾害能力和可持续的城市与人类住区。

　　上述目标表明绿色发展并不能取代可持续发展的概念，它只是可持续发展的组成部分之一。这同样反映在国际组织如国际劳工组织、世界银行和经济合作与发展组织的各类文件中。

　　根据国际劳工组织的说法，绿色就业有助于创造"双重红利"，即支持经济发展/创造就业机会并有助于保护环境。绿色就业的概念整合了可持续发展中的社会、经济和环境因素。从长远来看，尊重员工的权利、提高生产力和尽量减少对环境的负面影响有利于企业生存，从而提高了整体经济的可持续性（ILO，2013：2）。

　　全球发展模式的改革应有助于国家或地方政府处理特定问题。地方发展主体采取更强有力、更主动的行动的重要性在于为解决城市特定问题（贫穷、废物管理、资源利用等）设定目标。这已在与可持续城市发展目标相联系的可持续发展目标（提案）第 11 项条款：建设包容、安全、有抵御灾害能力和可持续的城市与人类住区中得到体现。

　　今天世界上约 50% 的人口居住在城市，预计到 2050 年这一比例将增至 70%。城市化将是未来几十年的主导趋势。

　　城市是社会经济中心，面临巨大的环境压力和贫困挑战。约 75% 的经济活动在城市进行。进一步推进城市化预计将增加城市在创造世界国内生产总值和其在投资活动中的份额。由于城市中心区经济潜力的不断增长，城市生活质量面临越来越大的压力（社会不平等、基础设施建设需求加大和生态环境恶化），因此提出了实现城市可持续发展的专门目标。该目标应立足于实现城市"绿色化"、规划、高效、安全、包容和健康发展。从这个意义上而言，联合国预测未来城市的发展应以善治、环境政策规划和管理、在开发当地资源的基础上促进经济发展、加强教育、合作，发达国家和欠发达国家城市间的知识交流与对实施参与式管理模式的研究（UN Habitat，2013）。

国家策略

欧盟及其成员国

走向绿色，走向国际。

1997 年，可持续发展被列入《阿姆斯特丹条约》（并在《里斯本条约》中得到重申），成为欧盟的一项基本目标。在这之前，可持续发展的基本要素被纳入欧洲环境保护计划（见表 4.4）。

2001 年 6 月，欧洲理事会在哥德堡首脑会议上推出了第一个欧盟可持续发展战略。2001 年战略主要由两部分组成：第一部分是目标和政策措施，第二部分呼吁采取新的政策制定方法。欧盟可持续发展战略的总体目标是：

> 确定并制订行动计划，通过创建可持续社区以有效管理和利用资源、挖掘经济体的生态和社会创新潜力、最终确保繁荣、实现环保和提升社会凝聚力，最终实现对生活质量的长期持续改善（European Council，2001）。

新政策制定方法的核心手段是影响评估，该手段预期将确保欧盟的经济、社会和环境政策相互促进。由于违背可持续发展理念的现象依然存在，因此需修订 2006 年制定的可持续发展战略。新的可持续发展战略为七个优先领域设定了总体目标和具体行动方案：

- 气候变化和清洁能源；

- 可持续交通；
- 可持续消费和生产；
- 保护和管理自然资源；
- 公共卫生；
- 社会包容、人口统计和移民；
- 全球贫困和可持续发展挑战。

表 4.4　欧盟可持续发展倡议

年份	思路和举措
1992	欧盟《第五个环保行动计划》，即《走向可持续性行动计划》
1994	《奥尔堡宪章》
1997	《阿姆斯特丹条约》——可持续发展——关键目标之一
2001	第一个欧盟可持续发展战略（哥德堡）
2005	修订欧盟可持续发展战略——将可持续发展目标纳入所有政策规划并用以加强欧盟国家间的协调
2009	修订欧盟成员国扩充政策，以实现欧盟成为全球气候变化政策关键参与者的目标
2010	欧洲 2020——欧洲智能、可持续和包容性增长战略——优先发展"绿色"经济
2013	欧洲共同体——人人享有体面的生活：消除贫困和给世界一个可持续的未来——"里约 + 20"峰会的主要挑战和机遇
2015～2019	欧盟第七个环境行动计划——走向绿色，走向国际

资料来源：作者的收集、整理。

在 1994 年《奥尔堡宪章》的基础上，2008 年欧盟通过了《欧洲城市可持续发展战略》。

由于发现有违背可持续发展的现象，欧盟再次对可持续发展战略进行了修订。这一扩充表明在实施可持续发展政策时需要加强协调，明确责任分配。

依据《21 世纪议程》和《千年发展目标》，欧盟可持续发展战略还要求欧盟成员国制定国家可持续发展战略并规定可持续发展的外源维度，例如必须解决全球贫困问题并加强与欧盟以外伙伴的合作。然而，可持续发展仍被（首先是里斯本战略，2011 年后则是欧盟 2020 战略）视为增长的支柱之一而非首要原则。

欧盟 2020 战略将促进可持续增长作为发展节能、绿色和更具竞争力的经济的途径。在该战略中，可持续增长意味着：

- 建立更具竞争力的低碳经济，有效、可持续地利用资源；
- 保护环境、减少排放和防止生物多样性丧失；
- 开发基于绿色新技术和生产方法的产品新市场（国内和国际）；
- 引入高效智能电网；
- 利用欧盟网络为企业（特别是小型制造企业）提供额外的竞争优势；
- 改善商业环境，尤其是中小企业的商业环境；
- 帮助消费者做出明智的选择。

为监测进展情况，欧盟将 2020 年的 20 – 20 – 20 目标定为：

- 与 1990 年相比，温室气体排放量减少 20%；
- 将可再生能源在最终能源消费中的比重提高到 20%；
- 将能源效率提高 20%。

可持续增长提升了能源安全（通过减少对进口和化石燃料的依赖）、竞争力、环境保护力度（自然资源和气候变化），并获得了两项旗舰创议的支持：资源节约型欧洲和全球化时代的产业政策。

基于辅助性原则，欧盟所有成员国都制定了国家可持续发展战略。保加利亚尚未正式通过草案，而波兰则在 2007 年宣布其可持续发展战略（2000 年通过的）已过时。与欧盟的经济治理结构一致，成员国还制定了国家改革方案（NRP），明确了欧洲 2020 战略的国家目标。

1994 年英国首次制定了国家可持续发展战略，并分别于 1999 年和 2005 年对战略进行了修订。2011 年 2 月，英国政府发表了一份题为《将可持续发展主流化——政府的愿景和实践意义》的指导文件，该文件提出了通过绿色经济实现可持续发展、应对气候变化、保护和改善自然环境、提升公平和改善福祉及建设大社会的措施（DEFRA，2011）。政府每年都会监测文件的执行进展情况。经济合作与发展组织将英国的综合政策评估确定为最佳实践的典范。在实施可持续发展战略过程中，英国将其政策评估办法纳入内阁办公厅的监管影响评估程序，要求各部门评估政策建议的可持续性影响，并将其与主流公共决策咨询程序联系起来。

自 2013 年以来，可持续发展在政策制定及政府活动（政府如何进行建筑经营管理及如何购买商品和服务）中扮演了重要角色。各部门努力确保其自身的政策和活动有助于可持续发展。环境、食品和农业事务部（DEFRA）在监督中央政府执行可持续发展政策方面发挥了积极作用。

根据英国 2014 年国家改革计划，主要的可持续性挑战涉及公共财政和可持续就业（尤其是青年）。

2009 年前丹麦政府公布了最新的国家可持续发展战略。它围绕三个核心原则展开：

- 鼓励所有相关行动者参与可持续发展；
- 制订创新型环保解决方案；
- 考虑长期全球性后果。

可持续发展战略提出了以下九个领域的目标和具体方案：

- 普惠全球化；
- 气候变化；
- 未来的自然；
- 生产和消费的绿色创新；
- 功能完善的城区；
- 人人健康；
- 创新社会的知识、研究与教育；

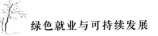

- 人力资源；

- 负责任的、长期和可持续的经济政策。

尽管新政府（2011 年 10 月）在其方案中强调将制定一项新的具有法律约束力的可持续发展战略（该战略具有固定目标、时限、相关指标和监测程序），但 2009 年的战略仍为最新的国家战略版本。丹麦环境保护署负责协调监测和报告工作，虽然相应的工作汇报没有具体截止日期或确切格式。

北欧于 2013 年发布了"可持续北欧地区的美好生活"战略。该战略为北欧部长理事会的工作提供了至 2025 年的长期指导方针和跨部门框架。该战略侧重于以下领域：北欧的福利模式、可行的生态系统、多变的气候、地球资源的可持续使用及教育、研发和创新。北欧部长理事会下的部门部长理事会将制定具体措施作为该战略的补充，并使用指标监测北欧地区的发展（Nordic Council of Ministers，2013）。

美国

通过全球合作的现代化实现可持续发展。

比尔·克林顿总统于 1993 年成立了可持续发展总统委员会并提出了可持续发展国家行动战略。1996 年初，委员会就 10 项国家目标达成了协议（President's Council on Sustainable Development，1996）：

- 健康与环境（保证每个公民在家里、工作中和旅游中都能享受清新的空气、洁净的水源及健康的环境）；

- 经济繁荣（保证美国经济的健康、稳步发展，提供良好的工作机会，减少贫困，并在竞争日益激烈的世界为所有公民提供过上高质量生活的机会）；

- 平等（保证所有美国公民都能够被公正地对待，都有机会享受经济、环境利益和社会福利等）；

- 自然保护（利用、保护和恢复自然资源，包括土地、空气、水和生物多样性，使我们自己和未来的子孙都能够获得长期的社会、经济和环境等方面的利益）；

- 管理（造就一种广为接受的管理道德规范，积极鼓励个人、社会事业机构以及公司等，对其活动所产生的经济、环境和社会后果负责）；

- 可持续社区（鼓励人们共同努力，创造健康的社区。在这里，自然资源和历史资源得到保护，就业机会可得、邻里关系和谐、教育终身化，交通和保健便利，所有的公民都有机会改善其生活质量）；

全民参与（为所有的公民、商业组织和社会团体参与与之有关的影响自然资源、环境和经济决策的活动创造充分的机会）；

- 人口（朝着稳定美国人口的方向发展）；

- 国际责任（在制定和实施全球可持续发展政策、行动准则以及促进可持续性贸易和外交政策方面发挥领导作用）；

- 教育（保证所有美国公民能够获得平等的接受教育的机会和终生学习机会，使之能够得到满意的工作和高质量的生活，同时也能够理解可持续发展概念）。

1996 年，美国农业部（USDA）设立了可持续发展总监职位并成立了可持续发展理事会。然而，尽管可持续发展事务由美国农业部正式负责，"里约 + 20"峰会的报告仍由海洋和国际环境与科学事务局撰写。该报告关注可持续发展的三个关键问题：

- 建筑环境（清洁能源与城市化）；

- 自然环境（生态系统管理与乡村发展）；

- 制度环境（全球合作现代化）。

尽管人们逐步认识到促进国民经济可持续发展的重要性，并对外积极推广可持续发展实践，但美国经济的特点仍然是材料的线性流动、对化石燃料的严重依赖、可再生能源的有限使用及与经济增长密切相关的资源利用。

加拿大

政府运作绿色化。

直至 2010 年，可持续发展原则才被纳入部门战略，而在联邦政府层面却未采取任何相关行动。各部门都预先制定了三年的可持续发展战略。

依据 2008 年的《联邦可持续发展法》，2010 年 10 月第一份 2010 ~ 2013 年联邦可持续发展战略（FSDS）提交议会审核。

《联邦可持续发展法》为制定和实施联邦可持续发展战略提供了法律框架，该战略强调环境决策透明化及对议会负责。《联邦可持续发展法》确立了一项基本原则，即可持续发展以对自然、社会和经济资源的有效利用为基础并要求政府做出所有决策时必须综合考虑环境、经济和社会因素。

《联邦可持续发展法》要求在其生效后两年内及其后每隔三年制定以联邦可持续发展战略为基础的预防性原则。

联邦可持续发展战略确立了联邦可持续发展目标及其实施策略并确定了目标实施的负责人。

联邦可持续发展战略的第一实施阶段始于 2010 年。2011 年以来，各部门和机构都制定了年度部门可持续发展战略并将其纳入核心规划和报告程序。

联邦可持续发展战略的第二实施阶段建立在对第一阶段进行三项关键改进的基础之上：

- 了解政府为实现环境的可持续性而采取行动和取得成果的整体情况；

- 建立可持续发展规划和报告与政府核心规划和报告程序间的联系；

- 有效地测量、监督和报告，以便跟踪和向国人汇报进展情况。

联邦可持续发展战略的第一实施阶段提高了信息透明度，并全面描述了联邦政府为促进环境可持续发展而采取的行动。2011 年以来，各部门和机构都制定了年度部门可持续发展战略并将其纳入核心规划和报告程序。

第二实施阶段（2013 ~ 2016 年）的关键步骤包括：

- 通过支持可持续发展战略与目标的联邦政府行动树立政府整体形象；

- 通过联邦部门持续推进联邦可持续发展战略，进一步加强联邦可持续发展战略与联邦部门核心规划和报告的联系；

- 扩展加拿大环境可持续指标集，确保指标可用于衡量所有可持续发展战略目标的进展情况。

政府可持续发展方案将在联邦可持续发展战略未来实施阶段得到进一步完善。与第一实施阶段相同，联邦可持续发展战略的第二实施阶段包括以下四个主题：

- 应对气候变化和解决空气质量问题；

- 保证水质和水资源的供给；

- 保护自然和加拿大公民；

- 从政府开始，减少环境足迹。

前三个主题反映了政府在环境可持续政策和方案上的优先事项。第四个主题强调减少联邦政府的环境足迹。

四个主题是具体的、可衡量的、可实现的、相关的和有时限的长期和中期目标，也是具体的执行策略。

2013 ~ 2016 年联邦可持续发展战略包括四个优先中的八项目标。该战略总共包括 225 项实施策略，这些策略具体是指联邦政府部门实施的方案和行动。

澳大利亚

可持续发展改善总体生活质量。

国家生态可持续发展战略为政府政策和决策制定和调整提供了大致的战略方向和框架。该战略于 1992 年被澳大利亚政府委员会通过，是在 1980 年世界保护战略、1983 年澳大利亚国家保护战略和 1987 年世界环境与发展委员会报告《我们的共同未来》的基础上发展而来的。

国家生态可持续发展战略的总目标是"以维持生命赖以生存的生态过程的方式发展，提高现在和未来的总体生活质量"。战略的核心目标包括：

- 通过保障未来子孙福祉的经济发展途径，增进个人和社会福利；
- 保障代内和代际公平；
- 保护生物多样性，维持必要的生态过程和生命支持系统。

该战略将生态环境可持续发展定义为"利用、保护和增加社会资源，以保护生命赖以生存的生态过程，提高现在和未来的总体生活质量"（Ecologically Sustainable Development Steering Committee，1992）。

根据 1999 年《环境保护和生物多样性保护法》，澳大利亚政府部门和机构（环境部、国家水务委员会、国家公园管理局、大堡礁海洋公园管理局、专家局、气象局、默里达林盆地管理局、悉尼海港联合会信托基金、气候变化管理局和清洁能源监管机构）必须在其年度报告中汇报可持续发展绩效。

环境、水资源、遗产和艺术部是制定和实施自然环境保护的国家政策、方案和立法的主要政府机构。这些部门的主要职能之一是促进和支持生态可持续发展。其 2013～2014 年的最新报告概述了与下列主题有关的活动和取得的成果：

- 生物多样性与生态系统；
- 可持续人口与社区；
- 南极；
- 水资源；
- 环境保护和遗产保护；
- 联邦环境用水；
- 气候变化。

生物多样性和生态系统保护工作涉及对大堡礁这一世界最大自然奇观的保护与实施减少威胁规划的制度。这项工作始于 2050 年珊瑚礁长期可持续发展计划的制定，即指导世界遗产区保护和管理的 2015 ~ 2050 年总体框架。

可持续人口和社区相关活动涉及拟定一项 2016 年 7 月生效的国家清洁空气协定、审查 1989 年《臭氧保护和合成温室气体管理法》与相关立法、审查 2000 年《产品（石油）管理法》与关税与货物税的相关规定及实施国家电视和电脑回收计划。

关于南极洲，澳大利亚政府已开始为该国的南极行动制定一项 20 年战略计划，并正准备采购一艘新的破冰船。

水务部门的默里达林盆地水务改革已启动。所有盆地法学专家正在进行通力合作，争取在 2016 年中期前制定一套考虑可持续发展调整机制的供给、效益和限制措施。此外，默里达林盆地的水回收战略也于 2014 年启动，该战略阐述了为保护环境进行水回收的未来办法。政府优先考虑投资而非购买节水基础设施项目，以此作为向大自然回馈水资源的方式。

2013 年，澳大利亚政府宣布澳大利亚遗产战略将成为保护该国遗产的优先事项之一。澳大利亚遗产战略草案于 2014 年公布征求意见，

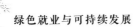
将于 2015 年定案。

维持河流健康是一项长期工程。监测结果表明联邦环境用水对流域环境产生了积极影响，如改善了本地鱼类种群的健康状况（包括 10 年来首次在维多利亚州古尔本河养育金鲈，支持在贡博尔河养殖默里鳕鱼）、提升了湖泊水位，改善了水质，包括澳大利亚南部低湖和库隆的盐度有所提高，提高了环境的复原力。

2013～2014 年，默里达林盆地管理局公布了首套盆地年度环境用水重点注意事项。联邦环境用水相关政策促进了十项重点成果中八项成果的形成。

气候变化活动包括碳税废除立法和发布减排基金白皮书。

因此，尽管可持续发展战略未曾更新，但作为重要的政策目标，生态可持续发展逐渐被纳入澳大利亚政府政策和方案。

国家层面的工作在以下方面展开：

- 政府间环境合作协议；
- 《联邦/州环境职责首脑协议》。

这些协议有助于建立联邦、州/地区和地方政府在环境问题上的互动平台。

日本

绿色创新促进新增长。

日本尚未制定独立的国家可持续发展战略，但定义了自身的可持续发展社会模式，即低碳经济、可靠的物质循环和生物多样性保护模式（OECD，2010）。

各项研究将具体的战略计划视为可持续发展计划。例如，可持续发展知识平台将新的增长战略视为可持续发展战略，世界银行将日本的节能战略视为国家绿色发展战略（World Bank，2012：234）。旨在实施《21 世纪议程》（包括可持续发展维度）的国家 21 世纪议程行动计划也可被视为可持续发展执行计划。这些计划包括国家 21 世纪议程行动计划（1994 年提交联合国）和基本环境规划。

第一、二、三、四个基本环境规划的制定时间分别为 1994 年、2000 年、2006 年和 2012 年。这些规划概述了政府解决环境问题的长期措施。最新规划试图协调日本的环境目标（保护生物多样性、净化水和空气）与福岛核灾难后日本面临的新现实（能源分散化和多样化、采取措施清理灾难残骸和实施清洁核废料计划）二者间的关系。该规划包括多项宏伟目标，如到 2020 年为新环境业务筹资 50 万亿日元（6260 亿美元），增加 140 万个环境就业岗位。但到 2050 年将导致全球气候变暖的气体减少至 1990 年水平为 80% 的目标将会受到最大质疑。

节能战略的实施以 2006 年《节能法》为指导。该战略制定了 2030 年比 2006 年节能提高 30% 的目标。1980~2009 年，日本的能源强度下降了 26%，成为世界上最节能的国家之一。开发节能技术和发展节能监测基准方法是进一步提高节能效率的主要手段。日本的"头名赛跑者"规划设定了所谓的基准。该规划测试了从自动售货机、空调到电视机等 21 种电器的运行情况。测试结果用于识别效率最高的设计，该效率级别被设置为新的基准。制造商有义务在 4~8 年达到新的基准。2010 年，日本引入了智能社区的创新理念，最大限度地利用城市的可再生能源，并依靠智能电网处理能源间歇性发电问题。此外，日本还计划在 2020 年前出台所有建筑的综合能耗标准和零能耗建筑目标（2030 年前出台全国性规范）。

新的增长战略为环境和能源领域的"绿色创新"创造了条件。该战略致力于：

- 在新的环保市场创造超过 50 万亿日元的销售额；

● 创造 140 万个新的环境部门就业机会；

● 利用日本私营部门的技术，将全球温室气体排放量减少 1.3 万吨二氧化碳当量（相当于日本的总排放量）。

韩国

自 1992 年里约首脑会议首次制定《21 世纪议程》实施国家可持续发展战略以来，韩国持续实施可持续发展战略。几位总统强调了他们对可持续发展的承诺：

● 金英三（第十四任总统，1993～1998）宣布其将致力于环境改善工作。

● 金大中（第十五任总统，1998～2003）宣布了新千年环境愿景。2000 年韩国成立了可持续发展总统委员会（PCSD）。该委员会制定了不同部门层面的可持续发展战略（能源、水、沿海水域、土地、气候变化、交通、冲突管理和官方援助）。

● 罗慕贤（第十六任总统，2003～2008）于 2005 年宣布《国家可持续发展愿景规划》。该愿景被视为在保持韩国高增长速度的同时取得经济、社会和环境三者平衡的目标。

● 李明博（第十七任总统，2008～2013）成立了绿色发展总统委员会以取代可持续发展总统委员会。

韩国拥有健全的、空间多样性的长期规划框架（既涉及国家、区域、地方层面，又涉及部门和跨部门）。《国家可持续发展愿景规划》为政府部门参与制定国家可持续发展战略和制订实施计划/行动方案提供了框架，因此有助于实现国家可持续发展愿景。

根据这一愿景，2006 年韩国通过了一项国家可持续发展战略文件并采取了相关行动方案（ROK，2006）。该愿景主要包括五大主题：

- 自然资源的可持续管理；
- 社会融合与促进国民健康；
- 可持续经济发展；
- 应对气候变化和全球环境问题；
- 可持续发展制度化和教育。

每个主题下都有多项关键行动方案。针对具体问题，每个行动方案都载有一份详细的目标和行动清单。国家可持续发展战略于 2010 年前使用，之后被绿色发展战略及其实施行动计划所替代。绿色发展战略的第一个五年行动计划包括四个步骤：

- 促进新能源和可再生能源技术的战略研发和商业化；
- 开拓新市场促进新能源和可再生能源产业化；
- 促进出口产业化；
- 通过为从事新能源和可再生能源技术开发的私营部门提供基础设施建设服务，增强其增长潜力。

除以促进绿色发展作为国家实施可持续发展战略的手段外，2011年韩国还成立了联合国可持续发展办公室。该办公室由联合国经济和社会事务部（UNDESA）管理，定位为研究和培训机构。它是由联合国、韩国环境部、仁川市和延世大学共同发起成立，旨在帮助贫穷国家追求可持续发展，以便在加快经济增长的同时提高生活质量和保护环境。

中国

通过产业升级和国内消费实现可持续增长。

在 1992 年里约热内卢联合国环境和发展会议取得成果的基础上，中国开始起草《21 世纪议程》。1994 年，中国发布了《21 世纪议程》，即以 21 世纪中国人口、环境与发展白皮书作为指导中国社会和环境发展的战略文件。1996 年，中国将可持续发展纳入国家战略并开始全面实施。

《21 世纪议程》标志着中国可持续发展进程的启动。它主要涉及四个方面的内容：

- 可持续发展总体战略；
- 社会可持续发展；
- 经济可持续发展；
- 资源和环境保护。

进入 21 世纪以来，中国对可持续发展内涵的认识进一步深化。为便于执行议程和审查所取得的进展，2002 年中国通过了《中国 21 世纪初可持续发展行动纲领》。该纲领将经济增长（改善民生和提高生活质量）、减少人口增长和缩小东西地区的差距、增加政府生态保护支出及通过能力建设提高公众对可持续发展目标的认知水平作为其主要目标。最大的挑战是经济快速增长、资源密集开采与生态破坏、区域社会经济差异、人口老龄化间的矛盾。

2003 年，中国提出了以人为本、全面协调与可持续发展的科学发展观。科学发展观是中国根据自身实际情况，总结发展实践经验，借鉴国外经验，为适应国内外新的发展形势而提出的一项重大理论。2003 年以来，中国提出了资源节约型与环境友好型社会、创新型国家、生态文明与绿色发展等先进理念，并不断付诸实践。

经济结构调整和发展方式转变取得的进展可以用提高粮食安全、走新型工业化道路、通过调整产业结构转变经济发展方式、发展循环经济、促进战略新兴产业的发展、提升传统产业能力加以说明。中国还利用信息技术促进工业化，提高制造业的竞争力。中国已成为首个实现贫困人口减半千年发展目标的国家。中国一直在为实现免费义务教育、提高医疗保健能力和服务水平、加快城乡居民社会保障体系建设、进一步保障妇女儿童权益、提高人民生活质量、培育为可持续发展助力的高素质人力资源而努力。资源节约和环境保护取得了实质性成果。空气质量和能源安全得到了改善。中国实行严格的耕地保护和水资源管理制度，同时也建立了海洋特别保护区制度。大规模的生态修复工作已经开展，按照"全面推进、重点突破"的原则，森林覆盖率大幅提升。中国正在努力探索一条以有效利用自然资源，保护生态环境，协调社会经济发展与自然资源、生态环境之间的关系为特征的快速工业化和城市化道路。

可持续发展的概念也被纳入中国经济五年规划中。五年规划描绘了国家战略路线图，确定了中国未来社会经济发展重点，并为地方部门的政策制定提供了指导方针和目标。目前的五年规划（2011～2015）强调了三项优先事项：可持续增长、产业升级和促进国内消费。这些事项解释了某些部门，包括能源、汽车、基础设施和生物技术，同样获得高度关注的原因。

墨西哥

可持续发展概念被列入墨西哥宪法。

墨西哥没有国家可持续发展战略，但可持续发展概念已被列入其宪法和主要国家政策战略和目标。

墨西哥的主要规划手段是2013～2018年国家发展规划。国家发展规划阐述了公共政策的主要目标和战略，并明确定义了衡量指标。它是整个联邦公共行政的核心文件，并得到墨西哥国会的合法批准。包含可持续性要素的不同部门方案是为国家发展规划服务的。当前的国家发展规划包括五个主要目标：

- 建立一个和平安宁的墨西哥；
- 建立一个富有包容性的墨西哥；
- 建立一个有教育质量的墨西哥；
- 建立一个繁荣发展的墨西哥；
- 建立一个在国际事务中负责任的墨西哥。

根据当前的国家发展规划，可持续发展承诺是繁荣发展总目标的一部分。它涵盖经济、环境和社会三个维度：维护宏观经济稳定、扩大融资渠道、促进平等就业和提高生产力、促进可持续绿色发展以保护自然资源和创造财富、提高竞争力和就业机会、提供更优质的电信服务并以具有竞争力的价格提供充足的能源。

墨西哥还与其他南美及拉美国家一道提出了多项可持续发展倡议，如《拉美和加勒比可持续发展倡议书》。

2002 年在约翰内斯堡举行的环境与可持续发展问题世界首脑会议上，拉美和加勒比环境部长论坛通过了《拉美和加勒比可持续发展倡议书》。该倡议书是上述首脑会议通过的执行计划的一部分。它提出了拉美和加勒比国家的共同议程，并由部长论坛采纳的区域行动计划（RAP）推动。2004～2005 年和 2006～2007 年的区域行动计划具体规定了区域重点事项和行动方针。在《拉美和加勒比可持续发展倡议书》主要成果的基础上，修订工作于 2007 年开始，新的优先行动领域于 2008 年得以确定，主要涉及以下方面。

- 生物多样性；
- 水资源管理；
- 脆弱性、人类住区和可持续城市；
- 社会问题，包括健康、不平等和贫困；
- 经济方面，包括竞争力、贸易及生产和消费（能源）模式；
- 制度方面。

巴西

通过储蓄实现可持续发展。

为筹备在约翰内斯堡举行的可持续发展问题世界首脑会议，巴西于2002年7月通过了《21世纪议程》。由于该议程是经多年（1997～2002）广泛协商而成且未被作为正式文件通过，因此它仅被视为一项社会契约。巴西《21世纪议程》确定了21项目标，涵盖以下四个优先领域：

- 知识社会的储蓄经济；
- 基于社会团结的包容性社会；
- 城乡可持续发展战略；
- 战略自然资源、水生物多样性和森林。

《21世纪议程》与政府政策间的联系主要体现在《21世纪议程》与国家多年发展计划的关系上。根据巴西宪法，政府的国家多年发展战略必须每四年制定一次，并由国会批准。国家多年发展计划确定了社会领域、基础设施投资和创收部门的优先事项。当前的多年国家发展计划涵盖2012～2015年的事项。

巴西还积极参与了其他南美和拉美国家的可持续发展倡议活动，例如签署《拉美和加勒比可持续发展倡议书》。

土耳其

经济高速发展、社会稳定和可持续发展。

土耳其发展政策的制定主要围绕与国际发展同步的可持续发展战略进行。发展计划是基本的政策文件，概述了公共部门的经济、社会和文化强制性改革和私营部门指令。自1990年以来，发展计划就已涵盖了可持续发展问题。

第六个发展计划（1990～1994）确定了保护自然资源和环境的经济和社会发展要素。第七个发展计划（1996～2000）包括优先考虑立足环境、经济与可持续发展原则融合的政策。第八个发展计划（2001～2006）采用了可持续发展方案，在实现经济和社会发展的同时，保护人类健康、生态平衡和历史文化价值。随后的第九个发展计划（2007～2013）将可持续发展原则纳入发展目标。当前的发展计划，即第十个发展行动计划（2014～2018），以2011年政府在大选前作为选举宣言宣布的2023年目标为基础的。2023年，土耳其共和国将庆祝其百年诞辰。该国的经济目标是跻身世界十大经济体之列。为提升其世界排名（目前暂列第十七位），土耳其需以年均8%的速度增长。

第十个发展计划的设想如下：涵盖2014～2018年的第十个发展计划将成为土耳其按照2023年目标努力提高当前福利水平的里程碑。该计划旨在解决法治、信息社会、国际竞争力、人类发展、环境保护和资源可持续利用及高、稳定与包容性经济增长等问题。

第十个发展计划从发展的四个维度提出了主要目标：

- 合格人才，社会稳定；
- 创新生产，稳步增长；
- 宜居、可持续环境；
- 全球发展伙伴关系（Caglar, Acar, 2013）。

该计划预计将新增400万个就业岗位，年增长率为2.9%。劳动力参与率将从2012年的50%提高至2018年底的53.8%。该计划设想将失业率从2012年的9.2%降至7.2%，即失业率的目标是下降2个百分点（Hurriyet Daily News, 2013）。

纳入发展计划的可持续发展方案在许多部门和专题战略文件中都有所体现（见专栏4.1）。

专栏 4.1　选定的土耳其国家行动计划，包括可持续发展

国家环境战略和行动计划

1998～2018：提高生活质量，培养国民环境意识和敏感性，改善环境管理，加快可持续的经济、社会和文化发展。

防止荒漠化国家行动纲领

2005～2015：通过识别导致荒漠化的因素来防止或减少荒漠化和干旱的影响。

土耳其的旅游战略

2007～2023：增加就业，使旅游业成为区域可持续发展的主导产业。

欧盟环境政策一体化

2007～2023：创造健康、和谐的环境，满足今世及后代的基本需求，提高生活质量，保护生物多样性，坚持可持续发展，合理管理自然资源。

国家生物多样化战略和行动计划

2008～2017：保护和维持生物多样性和基因资源。

废水治理行动计划

2008～2012：根据国家需要和优先事项，建设废水处理设施以最大限度地提高废水投资效益，并通过重复利用经过处理的废水来优化流域管理。

废物管理行动计划

2008～2012：按照可持续性原则管理生活和工业废物。

国家造林行动计划

2008～2012：通过植树造林和繁殖，20 年内将 181.4 吨二氧化碳当量从大气中隔离至森林。

终身学习战略和行动计划

2009～2013：适应经济和劳动力市场的变化和发展，提高就业能力。

城市综合发展战略和行动计划

2010～2023：通过采取综合措施解决规划、安置和组织问题，推进住区经济、社会和文化建设，提升住区的宜居水平和质量。

国家气候变化战略

2010～2020：在共同但有差异的责任、原则和国情的框架内，按照可持续发展政策应对气候变化。

国家农村发展战略与农村发展规划

2010～2013：根据城市地区标准，因地制宜改善农村居民的工作和生活条件，并通过利用当地资源保护自然和文化遗产，确保可持续发展。

加强就业和职业培训的战略和行动计划

2010：提供符合劳动力市场需求的职业技术培训，强化教育与就业的关系，有效执行积极的劳动力市场政策，消除就业岗位流失现象，提高待业劳动力的技能和能力。

气候变化行动计划

2011～2023：限制温室气体排放以应对气候变化，适应气候变化并将其影响降至最低。

国家科学、技术和改革战略

2011～2016：加快提高研发和创新能力，实现可持续发展。

土耳其工业战略文件

2011～2014：提高产业竞争力，加快产业结构转型。转型后的产业将通过生产高附加值和高技术产品获得更大的出口份额，同时将拥有合格劳动力，且对环境和社会更为敏感。

中小企业战略和行动计划

2011～2013：提高中小企业的生产水平、投资额、附加值和成长能力。

护理服务战略和行动计划

2011～2013：提高为残疾人士提供护理服务的质量并确保服务的可

持续性。

节能战略文件

2012～2023：以节能方式降低经济的能源强度，从而加强能源供应安全，降低进口依赖风险，将成本最小化，应对气候变化和保护环境。

国家地震战略和行动计划

2012～2023：防止或减少地震造成的物质、经济、社会、环境和政治损失。

在区域层级，作为《巴塞罗那公约》的缔约国，土耳其是《地中海可持续发展战略》（MSSD）的参与者。《地中海可持续发展战略》于2005年通过，致力于为国家决策者解决可持续发展问题、履行国际协议和建立伙伴关系提供指导。

该战略包括四个主要目标：

- 利用地中海资源的同时促进经济发展；
- 减少社会差距，实现千年发展目标，同时促进多元化发展；
- 确保自然资源的可持续管理，改变消费和生产模式；
- 改善地方、国家和区域各级的治理。

为实现上述四个目标，海洋安全部确定了七个优先行动领域：水、能源、交通、旅游、农业、城市发展、海洋和沿海资源管理。

根据对2005～2010年《地中海可持续发展战略》实施情况的评估，缔约国计划在2015年对该战略进行修订（也称为《地中海可持续发展战略》2.0版本）。指导委员会确定了六个专题领域：

- 海洋和海岸：包括努力维护地中海海洋和沿海生态系统的"良好"环境；
- 自然资源、农村发展和食品：不仅包括与海洋和沿海的联系，还包括与路上栖息地和淡水的联系；

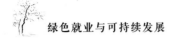

● 气候：包括气候变化对自然资源和社会经济的影响与可能的对策；

● 可持续城市：包括沿海城市化和沿海地区综合管理、陆路运输、废物管理、基础设施、住房和能源；

● 绿色经济转型：包括可持续消费和生产；

● 治理，包括融资在内：与《奥胡斯公约》相关的问题，如公众参与和合作（Uras, 2014）。

然而，对《地中海可持续发展战略》执行情况的评估结果表明该战略是一份有用的文件，可作为执行国家战略的官方依据。但由于缺乏针对单个国家应如何将《地中海可持续发展战略》纳入国家战略的具体建议，它并不具体影响单个国家的政策行动。因此，《地中海可持续发展战略》对部门战略、政策和行动方案几乎无显著影响（UN-EP/MAP, 2011）。

结束语

可持续发展综合考虑了经济、社会和环境目标。它认识到经济增长是必要的，但并不足以促进发展。

可持续发展战略政策框架（如基本国家可持续发展战略、其他可持续发展政策战略、一般发展或环境战略等）在各国间的差异很大。战略政策框架很大程度上取决于政治行政体制、经济发展、环境条件、体制能力、政治文化等因素。

总的来说，联合国是解决可持续发展问题的重要推手。它为国家可持续发展战略提供了指导方针并支持（尤其在发展中国家）建立和实施这些战略。

仅有少数国家采用了基本国家可持续发展战略。其他若干国家（如中国、巴西）则采用了《21 世纪议程》国家战略。然而，可持续发展越来越多地被纳入战略政策文件，最常见的是国家发展计划（如墨西哥）。环境政策计划在一些国家仍占主导地位，其中一些还涉及跨部门问题（如日本）。

尽管为实现经济、社会和环境协调发展进行了种种努力，多数国家还是将环境可持续性放在首位。

实施国家可持续发展战略或综合可持续发展战略的区域承诺，如《地中海可持续发展战略》或《拉美和加勒比可持续发展倡议书》，不断涌现。

虽然可持续发展越来越多地受到国家重视，但其仍然存在巨大挑战，例如如何采取具体行动、如何将可持续发展纳入所有政策部门、如何协调各级政府间的可持续发展目标及如何制定全面有效的监测和评价程序。

References

Amnesty International, 2012. 'Nigeria: Oil Spill Investigations a Fiasco in the Niger Delta'. Online, available at: www. amnesty. org/en/news/nigeria-oil-spill-investigations-fiasco-niger-delta – 2012 – 08 – 02（accessed 4 December 2014）.

Anderson, S. and Cavanagh, J. , 2000. The Rise of Corporate Global Power. Washington, DC: Institute for Policy Studies.

Benson, E. and Greenfield, O. , no date. 'Post Rio to Post-2015 Think Piece, Surveying the "Green Economy" and "Green Growth" Landscape'. UNEP. Online, available at: www. unep. org/civil-society/Portals/24105/documents/

NY%20consultation/GE%20thinkp iece. pdf（accessed 27 November 2014）.

Caḡlar, E. and Acar, O. , 2013. 'An Assessment on the 10th Development Plan'. Evalu-ation Note No. 201330, Economic Policy Research Foundation of Turkey. Online, available at: www. tepav. org. tr/upload/files/137846115 8 – 4. An_Assessment_on_the_Tenth_Development_Plan. pdf（accessed 30 October 2014）.

Chung, Y. -K. and Hwan, K. , 2006. 'The Korean National Strategy for Sustainable Devel-opment: A Background Report'. Online, available at: http:// sustainabledevelopment. un. org/content/documents/1394backgroundReport. pdf（accessed 21 November 2014）.

Constanza, R. and Kubiszewski, I. , 2014. 'Creating a Sustainable and Desirable Future'. Sydney: World Economic.

Danish Energy Agency, 2012. 'Green Production in Denmark-and its Significance for the Danish Economy'. Online, available at: www. ens. dk/sites/ ens. dk/files/policy/green-production-denmark-contributes-significantly-danish-economy/Green% 20production% 20in% 20Denmark% 20 – % 20web% 20111212. pdf（accessed 21 November 2014）.

DEFRA, 2011. 'Mainstreaming Sustainable Development-the Government's Vision and what this Means in Practice'. Online, available at: www. gov. uk/ government/uploads/system/uploads/attachment _ data/file/183409/mainstreaming-sustainable-development. pdf（accessed 4 October 2014）.

EC, 2013. 'A Decent Life for All: Ending Poverty and Giving the World a Sustainable Future', COM（2013）92 final, Brussels, 27. 2. 2013.

Ecologically Sustainable Development Steering Committee, 1992. 'National Strategy for Ecologically Sustainable Development'. Council of Australian Governments. Online, available at: www. environment. gov. au/about-us/esd/ publications/national-esd-strategy（accessed 6 December 2014）.

Environmental Leader, 2009. 'Shell Scales Back Renewable Energy Investments'. Online, available at: www. environmentalleader. com/2009/03/18/ shell-scales-back-renewable-energy-investments/ (accessed 21 November 2014).

Fortune, 2013. Global 500. Online, available at: http://money. cnn. com/magazines/fortune/global500/2013/full_list/? iid = G500_sp_full (accessed 6 December 2014).

Hürriyet Daily News, 2013. 'New Plan Targets 5. 5 Percent Growth'. Ankara: Anatolia News Agency. June. Online, available at: www. hurriyetdailynews. com/new-plan-targets-55-percent-growth. aspx? pageID = 238&nid = 48987 (accessed 2 November 2014).

ILO, 2013. 'Sustainable Development, Decent Workand Green Job's. Report V. Online, available at: www. ilo. org/wcmsp5/groups/public/ −− ed_norm/ −− relconf/documents/meeting-document/wcms_207370. pdf (accessed 4 October 2014).

Local Governments for Sustainability (ICLEI), 2014. 'The World Needs an "Urban" Sus-tainable Development Goal to Reach Global Sustainability'. Online, available at: www. iclei. org/details/article/the-world-needs-an-urban-sustainable-development-goal-to-reach-global-sustainability. html (accessed 11 November 2014).

Ministry of Development, 2012. 'Turkey's Sustainable Development Report: Claiming the Future'. Ankara. Online, available at: http://sustainabledevelopment. un. org/content/documents/853turkey. pdf (accessed 11 November 2014).

Nordic Council of Ministers, 2013. 'Good Life in a Sustainable Nordic Region: Nordic Strategy for Sustainable Development'. Copenhagen: Nordic Council of Ministers. Online, available at: http://norden. diva-portal. org/smash/get/diva2: 701472/FULL-TEXT01. pdf (accessed 11 November 2014).

OECD, 2011. *Towards Green Growth*. Online, available at: www. oecd. org/ green-growth/48224539. pdf (accessed 24 September 2014).

Overseas Development Institute (ODI), German Development Institute (DIE), Centre for Development Policy Management (ECDPM), European Report on Development, 2013. 'Post 2015: Global Action for an Inclusive and Sustainable Future', Full Report, Brussels. Political Economy Research Institute, 2013. 'Toxic 100 Air Polluters Press Release'. Amherst: University of Massachusetts. Online, available at: www. peri. umass. edu/toxic_press/ (accessed 1 November 2014).

President's Councilon Sustainable Development, 1996. 'Sustainable America: a New Con-sensus for Prosperity, Opportunity, and Healthy Environment for the Future'. Online, available at: http://clinton2. nara. gov/PCSD/Publications/ TF_Reports/amer-top. html.

President's Council on Sustainable Development, 1999. 'Towards A Sustainable America: Advancing Prosperity, Opportunity, and a Healthy Environment for the 21st Century'. Online, available at: http://clinton2. nara. gov/PCSD/ Publications/tsa. pdf (accessed 2 December 2014).

ROK, 2006. 'National Strategy for Sustainable Development of the Republic of Korea 2006 – 2010'. Summarised Version. Online, available at: www. rrcap. ait. asia/nsds/pub/korean_nssd_2006 – 2010. pdf (accessed 2 December 2014).

Sen A. , 1999. '*Development as Freedom*'. New Delhi: Oxford University Press.

Sustainable Development Knowledge Platform, no date. 'New Growth Strategy: Blueprint for Revitalizing Japan'. Online, available at: http://sustainabledevelopment. un. org/index. php? page = view&type = 99&nr = 65&menu = 1449 (accessed 17 November 2014).

OECD, 2010. 'OECD Environmental Performance Reviews'. Japan, Paris.

UN, 1987. 'Our Common Future. Report of the World Commission on Environ-ment and Development'.

UNCSD, 2012. 'The Future We Want'. United Nations. Rio de Janeiro. On-line, available at: www. uncsd2012. org/content/documents/727The% 20Fut ure% 20We% 20Want% 2019% 20June% 201230pm. pdf (accessed 7 October 2014).

UNEP/MAP. 2011. 'Assessment on the Implementation of the Mediterranean Strategy for Sustainable Development (MSSD) for the Period 2005 – 2010'. Athens. Online, avail-able at: www. odi. org/sites/odi. org. uk/files/odi-as-sets/publications-opinion-files/7166. pdf (accessed 7 October 2014).

UNEP, 2014. 'Green Economy'. Online, available at: www. unep. org/ greeneconomy/aboutgei/whatisgei/tabid/29784/default. aspx (accessed 5 Oc-tober 2014).

UNESCO, 2000. 'Dakar Framework for Action, Education for All: Meeting Our Col-lective Commitments'. France: World Education Forum.

UN Habitat, 2013. 'Global Activities Report 2013: Our Presence and Partner-ship'. Online, available at: http://unhabitat. org/un-habitat-global-activities-report-2013-our-presence-and-partnerships/ (accessed 8 April 2015).

Uras, A. 2014. 'The Review of the Mediterranean Strategy for Sustainable De-velopment'. ESDN Conference 2014. 6 – 7 November 2014, Rome, Italy.

Weiss, J. D. and Kougentakis, A. , 2009. 'Big Oil Misers'. Center for Ameri-can Progress, 31 March. Online, available at: www. Americanprogress. org/ issues/green/news/2009/03/31/5736/big-oil-misers/ (accessed 18 Decem-ber 2014).

World Bank, 2012. 'China 2030'. Online, available at: www. worldbank. org/ content/dam/Worldbank/document/China-2030-complete. pdf (accessed 21 November 2014).

World Bank, 2014. 'Getting to Inclusive Green Growth'. Online, available at: web. world-bank. org/wbsite/external/topics/extsdnet/0,, contentMDK: 2318 4559 ~ pagePK: 64885161 ~ piPK: 64884432 ~ theSitePK: 5929282, 00. html (accessed 6 October 2014).

第五章　绿色政策

概　念

前几章的概述表明绿色就业、绿色经济和绿色发展是相互关联的概念，其目标具有可比性。它们均被视为实现可持续发展的手段。由于三者立足于同一目标（促进可持续发展），因此可使用同样的政策工具（政府监管和市场规则，如税收、政府支出、劳动力市场法规）。

自 1992 年里约会议以来，促进可持续发展的政策措施得到了充分的研究和探讨。例如，《里约宣言》中的原则 16 涉及促进环境成本内部化和使用经济手段，原则 8 涉及消除不可持续消费和生产模式。

《21 世纪议程》第八章进一步阐述了上述原则，并呼吁制定国家层面的可持续发展战略[1]，纳入环境与发展结合的措施，提供有效的法律和监管框架，有效利用经济手段、市场及其他激励措施，同时建立环境经济综合决策机制。

约 10 年后，《约翰内斯堡执行计划》也确认了改变社会生产和消费方式的重要性，并呼吁制订可持续消费和生产的十年规划方案。

在最近根据《联合国气候变化框架公约》进行的谈判中，实施低排放发展战略（为促进低碳发展采取适当的政策措施）被视为实现可持续发展不可或缺的手段。

由于绿色政策以双重红利假设为基础，其概念应有助于促进可持续发展。绿色政策可在保护环境的同时带来经济效益。

环境政策传统上被视为导致成本增加的罪魁祸首：其阻碍了生产和行业的发展，增加了潜在失业率。环境保护通常是通过对导致环境恶化的活动进行管制（禁止或至少限制导致环境恶化的行为）或市场手段（实施污染税、总量管制和交易制度）来实现的。

行政手段早在 20 世纪 70 年代初的第一次环境立法高潮中就被采用。它以法规的形式发布具体指令（如汽车排放标准）。直接监管污染活动未提供任何灵活操作的空间，因此会减缓经济增长，如基于气候变化政策温室气体排放量的减少预计会降低产出（1%～3% 的世界总产值）。

市场手段通过价格（如污染税、可交易排放许可证、总量管制和交易制度）[2] 限制导致环境恶化的行为。通常情况下，相比行政手段，市场手段能更好地约束企业的行为。环境经济学家们普遍认为通过碳排放定价限制碳排放量的市场手段可以低廉成本获得可观收益。然而，对于市场手段的实施速度（即刻还是逐步实施）存在激烈的争论。

通过引入污染税制度，污染得以定价，环境污染者可知他们需付出的代价，但政府却无法判断潜在的污染量（及污染税收入）。该税制适用于国内和国际贸易。如果进口污染税与国内税（或许可证费用）相当，则根据国际贸易规则是可接受的。

总量管制和交易制度限制了污染量。环境污染者并不知晓排放的代价。对于政府而言，如果许可证被拍卖，其收入流向是未知的。而如果许可证是免费发放的，则潜在的收入将流向行业部门而非政府机构。

有批评认为由于环境和气候危机并不是市场失灵的结果，因此在绿色经济概念下使用市场手段是错误的，即危机无法通过对危及自然行为定价的方式根治。

关于增长部分，业界对采取政策促进增长尚未达成共识。《华盛顿共识》、《后华盛顿共识》和绿色包容性增长倡议试图探讨促进增长的必要政策（见表 5.1）。

《华盛顿共识》概述了一套标准改革方案，其中包括由国际货币基金组织、世界银行和美国财政部共同提出的十项经济政策主张（见表 5.1）。

自 20 世纪 90 年代以来就有很多对《华盛顿共识》的批评，其内容涉及对内含措施（如对全球市场的开放）和缺失措施（如体制建设）的批判。世界银行确定了决定东亚经济增长的要素（收入和资产分配、大众教育及国家指导投资），成为新制度经济学和《后华盛顿共识》推广的基础。该法认为发展进程与社会关系、产权分配、工作模式、城市化、家庭结构等因素相关，为在比《华盛顿共识》更广泛的经济和社会政策范围内进行自由裁量干预提供了理论基础（见表 5.1）。

表 5.1　从华盛顿共识到包容性增长

《华盛顿共识》	《后华盛顿共识》	包容性增长
保障产权	反腐	竞争性环境
放松管制	公司治理	政府对增长的承诺
财政纪律	独立的中央银行和信息技术	"好政策"
税收改革	财务准则和标准	公共部门投资
私有化	灵活的劳动力市场	劳动力市场放松管制
公共支出的重新定位	世界贸易组织协议	就业和生产力发展
金融自由化	资本账户"审慎"开放	国际一体化
贸易自由化	非中间汇率制度	汇率管理
对外商直接投资开放	社会安全网	资本账户"审慎"开放
统一、具有竞争力的汇率	定向减贫	社会安全网

资料来源：Saad-Filho（2010：9）。

关于增长速度和模式的包容性增长概念是 21 世纪初发展起来的。其强调增长对减贫的重要性并承认政策组合可能制约可持续与包容性增长。世界银行关于绿色包容性增长的概念建立在包容性增长概念基础之上（World Bank，2012）。大致考虑了六种基本类型的干预：

- 定价和财政政策：税收、提供或取消补贴；
- 制度、规范和条例及行为政策；
- 创新和产业政策；
- 教育和劳动力市场政策；
- 自然资本、农业和生态系统服务管理；
- 基础设施、建筑、城市化、交通和能源。[3]

定价和财政政策：税收、提供或取消补贴可用于指导经济行为，创造环境和经济效益。以高效环保的方式调整环境税包括以下行为：

- 回顾道路燃油及机动车税收制度的发展历程以便推广更具持续性的运输方式；
- 减少对环境有负面影响的补贴（如可将资源从燃油补贴重新分配到有助于实现环境和经济增长目标的教育、卫生和基础设施上）；
- 征收能源税。

在经济合作与发展组织内部，与环境相关的税收主要包括能源税和车辆税。在欧洲七国集团成员国，相关税收占柴油价格的 50% ~ 60%、汽油价格的 62% ~ 68%。经济合作与发展组织建议通过减少津贴和抵扣的方式来提高消费税和扩大直接税税基（OECD，2013）。扩大对可能造成环境危害的商品和服务间接税（如碳税）的征收会创造收入，有助于政府进行财政整顿或部分减少家庭和企业的税收，从而促进经济增长。可以考虑通过特别的社会福利计划解决该类税收的累退性问题。还可考虑如对空气和水污染征收其他税。

政治经济方面的考虑对重新调整财政政策以达成绿色发展目标发挥

着重要作用。分阶段方法辅以重新分配资源所需的沟通技巧和补充政策有助于加强对改革的支持。在某些情况下，可能需要临时分配资源用以补偿受到不利影响的民众，即使他们并非贫困群体。

制度、规范和条例及行为政策：经济激励可与其他类型的工具（如建筑节能规范和投资金融工具）形成互补。决策者必须在控制决策偏误和影响行为的非经济激励的前提下考虑环境政策如何影响企业和个人的行为。此外，还应考虑定居、运输、生产和消费模式等相关因素变化的情况下，技术和生活方式的改变（如信息/通信技术、增加的娱乐时间、退休）对自然环境的影响。

创新和产业政策：绿色产业政策既要解决产业绿色化与构建绿色制造和服务体系中存在的问题，又要解决新技术的开发和推广中存在的问题。

上述流程可通过针对以下目标制定的特殊政策得以简化：

● 通过调整知识溢出效应实现技术和创新的发展和传播；

● 通过纠正非环境市场失灵（如协调失灵和资本市场的不完善）实现新产业和部门的发展。

鉴于政策捕获和寻租的风险，尤其是在机构和民间社会力量薄弱的情况下，相关支持政策必须审慎地平衡市场失灵和政府失灵的关系。

教育和劳动力市场政策：绿色转型可能涉及从某些行业向新行业的结构性转变。激励人员从某部门转向另一部门就业的政策可加速上述转变并降低相关成本。培训计划将有助于减轻人员流转受到技能约束（包括从现有就业岗位转向绿色就业岗位所需技能及从事新岗位所需技能）的影响。随着绿色就业岗位的变化，当前岗位所需的技能应同时改变。技能（及相关技术）将成为实现环境目标的关键。然而，由于绿色就业的明确定义尚不存在，目前绿色技能的相关数据并不能为研究提供充分依据。

多数部门面临绿色就业所需技能短缺问题的挑战，因此亟须解决此困境（Slingenberg et al.，2008）。基于对 6 个欧洲国家（英国、荷兰、意大利、德国、保加利亚和波兰）环境技能方案的分析，埃科里斯发现欧盟成员国在上述领域存在很大差异。通常情况下，企业通过对员工的内部培训培养绿色技能以满足业务需求（Ecorys，2010）。由公共和私人基金共同资助的混合课程也可满足高、中、低技能者的需要。另外，大量公共资金为执行与企业合作的技能培养方案提供了财政支持。因此不仅在成员国之间，同时在企业和其他涉及绿色劳动技能发展的部门之间，都存在促进最佳实践交流的机会。

任何未来技能同样取决于人口趋势。在欧洲，老龄化导致能源使用和消费模式、流动能力、主寓所/第二寓所发生变化。然而，现有研究（COWI，2008）表明人口老龄化并未导致显著的环境变化：与其他年龄组相比，老一代的流动能力较弱，对环境影响较小，但同时人均能源消耗较高，对环境影响较大。两组影响抵消导致最终效果并不显著。

自然资本、农业和生态系统服务管理：农业生产绿色化的有效途径之一是保护性农业，其能在产生环境效益（通过减少水道污染，改善土壤质量）的同时，提高生产率（通过减少能源投入）、复原力（通过频繁轮作）和农业长期生产力（通过减少侵蚀和改善土壤结构）。

但要使保护性农业发挥作用，就必须有更好的决策信息及更好的渠道获取这些信息。例如，为农民提供更多关于天气和气候信息的服务可以提升农业系统及包括生产、收割、储存和市场准入整条价值链的弹性。同时也有助于成功创新（如开发天气衍生金融产品）。

基础设施、建筑、城市化、交通和能源：对绿色部门进行扶持有助于增加生产要素，推动生产，提高效率，改善灵活性，创造就业机会和减少贫困。在一些国家，城市道路拥堵和无效交通运输不仅会对环境造成负面影响，还会降低人类的幸福感，阻碍经济增长。利于城市发展的公共交通投资和土地使用计划的变更可以减少空气污染，刺激增长（得益于城市化和集中化带来的好处）。另外，还可从水力发电、缓解洪涝灾害和确保干旱期间河流最小流量的多用途基础设施（如水库）中获益。基础设施设计和投资的区域一体化可通过提高电力可靠性和可再生能源渗透率改善系统效率。

政策选择取决于优先事项、政治经济状况和执行能力。这与一国的体制和财政能力紧密相关。一些干预措施（如税收）可为政府创造收入，而其他干预措施（如培训方案）则需要资金支持。此外，鉴于社会、经济和环境的高度依存关系，在某一部门实施的每项绿色政策都可能对其他部门产生（正面或负面）影响。

因此，应对绿色政策进行跨部门综合影响分析以便对协同作用、副作用和附带效益进行一致连贯的评估。分析利弊对确定所需投资和产生的效益（节约的成本或增加的收益）是必要的。

上述分析需要建立基准，并估算不作为的成本。

例如，采用需要前期投入（资本支出）的节能技术将减少能源的消耗和支出（节约的成本），同时还可创造新的就业机会和增加收入（增加的收益）。根据具体分析的问题，增加的收益和节约的成本可能发生变化，并且可与行业的历史和当前绩效指标进行比较，用以分析投资（公共投资与私人投资）的可持续性及经济成本如何在受干预影响的主体间进行分配。

利弊分析包括四个关键步骤：

- 基准的建立和不作为成本的估计；
- 政策干预成本的量化；
- 政策干预优势或效益的量化（估计跨部门的政策影响，评估政策干预的直接经济、环境和社会效益以及潜在的副作用）。应使用综合模拟模型预测干预措施对关键部门和指标未来的影响。

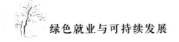

● 评估政策选择的利弊，为知情决策提供依据。

在此，我们关注绿色政策运作的以下渠道：价格和财政体系、机构、投资和行为、创新和技术。

基准的建立与不作为成本的估算：包括趋势分析，尤其是对基准指标的分析和对因不作为造成的经济、生物物理、社会和文化损失的估计（如生物多样性损失及以损失的生态旅游国内生产总值表示的相关成本）。

政策干预成本的量化：每项政策工具可能代表不同利益方的不同类型（如规划、能力建设、研发、运作和管理）的成本。其中一些成本可能延迟甚至成为常规成本（如运营和管理成本）。

政策干预优势或效益的量化：这些优势包括避免的损失、直接和间接的积极经济或生物物理影响、定性或定量的社会进步和文化影响等。量化方法具有行业特殊性，具体可包括投资预期回报估计法、成本效益和多标准分析法（如生物多样性的市场与非市场价值评估）。

若干方法可被用于评估政策选择的利弊，具体取决于实际可用的信息。这些方法包括使用模型进行事前分析、成本效益分析法或使用根据各类标准对政策选择进行排序的多标准分析法。这些分析有助于预测包括社会和文化部门在内的各部门政策的影响，因此需要跨部门的专业技能和使用多方利益相关者的研究方法。

例如，取消补贴伴随着三种主要的直接结果：

● 公共支出的减少；

● 市场价格的上涨；

● 消费的减少；

一旦对不同政策选择进行分析并根据评估结果进行微调后，决策者就需要考虑到经济中各关键角色的利弊状况，选择最佳的政策组合。

政策选择应基于三项标准：

- 成本的公平分摊；

- 解决问题的效率；

- 跨部门双倍和三倍分红机会的创造（OECD，2011；World Bank，2012）。

可结合使用一系列执行手段用以模拟带来更好环境质量的资源效率和环境绩效。这些手段可分为三类：

1. 强制执行特定行为的监管手段；

2. 激励特定活动的市场手段；

3. 寻求通过信息供给改变行为的信息手段。

不同的政策工具通常不会单独使用，而是以组合的方式运作。

监管手段：监管是欧盟国家和多数经济合作与发展组织国家控制污染的主要策略。监管明确规定了特定的环境目标（如在指定日期前减少氮氧化物的排放量）或强制要求使用特定的技术或工艺流程。[4]

市场手段通过将公司环境成本内部化（如通过税收方式）的方式或通过产权创新和促进代理市场建立（如使用可交易的污染许可证）的方式解决环境外部效应引起的市场失灵问题。因为市场手段有助于开发更具成本效益的污染控制和预防技术并能在技术或预防策略选择方面提供更大的灵活性，因此可比行政手段更经济高效地减少污染。此外，它们还可为政府提供用于支持环保或公益活动的收入来源。

税费是最常用的市场手段。其成功实施主要以包括监控、征税和强制执行的系统为基础。其他市场手段包括债务、补贴、低息贷款、直接捐赠或优惠税收和排放交易计划。

信息手段被用于替代直接控制以为减少污染提供激励。例如要求公开环境信息、提供生态标签或发布环境产品声明和推动研发及示范项目。

创新和技术：政策制定还应考虑到其对技术变革和创新的影响。由于创新被视为应对多数环境挑战的关键，因此了解促进或限制创新的机制非常重要。需求侧工具，如公共采购，可通过示范效应帮助培育新产品和服务市场，并在早期阶段弥补资金供应缺口（OECD，2011）。在供给方面，融资是企业创新的关键约束条件，其存在固有风险且回报可能具有长期性。

创新约束与一般的绿色发展约束并无不同。它们皆依赖市场和非市场激励，这些激励倡导企业承担可能带来重大回报的风险。例如，产生技术壁垒的原因可能是由于缺乏相关知识，而这些知识本可通过更多国际合作获取（附表5.3列举了关键战略部门的政策反应示例）。

国家策略

提出国家绿色政策的方式多种多样，如以经济部门，以政策措施（如税收、支出、监管）或以担保机构的方式。以上述方式提出的政策并不详尽或全面。但它们提供了成功途径多样性的示例。

欧盟及其成员国

欧洲绿色政策支持欧盟2020年增长战略的实施。增长的主驱动力可由七大倡议构成：
- 全球化时代的工业政策；
- 欧洲数字化议程；
- 创新联盟；
- 青年人流动；
- 新技能和新就业议程；
- 欧洲反贫困平台；

● 资源效率型欧洲。

上述领域政策的执行应有助于实现与就业、研发、气候变化和能源可持续性、教育、消除贫困及社会排斥有关的主要目标（见表5.2）。

实现这些目标需要执行绿色政策和扭转不可持续发展的趋势（如生物多样性的丧失）。绿色经济（安全和可持续的低碳与低投入经济）的转型需要更有效和透明的治理结构和充足的投资资金。

欧洲委员会认为"绿色政策不能自动创造或摧毁就业机会。这涉及我们如何做的问题"（Eckert，2014）。对绿色就业而言，存在两类主要挑战。第一类挑战为如何在经济危机后创造更多合适的就业机会；第二类挑战为担心严格的环境义务会危及就业和竞争力。

劳动力市场政策调控的针对性和协调性被视为实现绿色转型和欧洲2020年就业目标的关键。它们要求培养技能、促进人口流动性和支持产业结构调整。

表 5.2　欧盟 2020 年目标

指标	2012 年目标	2020 年目标
30～40 岁接受高等教育人群（%）	35.9	40.0
初级能源消耗［百万 TOE（吨油当量）］	1584	1483
面临贫困或社会教育风险的群体（千人）	124523	少于98000
国内研发支出总额［国内生产总值占比（%）］	2.01	3.00
温室气体排放量（1990 年指标＝100）	82.14	80
就业率合计（20～64 岁）（%）	68.4	75.0
教育和培训的早退人员（%）	12.7	10.0

资料来源：Eurostat（2014）和作者的计算。

绿色政策支持向资源节约和低碳经济转变，有助于增强欧盟的竞争力。绿色政策通常包括能源政策（主要与利用可再生资源的能源生产有关）、节能、废物和水源管理、空气质量、恢复和保护生物多样性及发展绿色基础设施。[5]国家提倡使用环境税作为实现环境效益和公共财政稳定的政策工具之一。对环境有害行为的征税被视为一项降低推动经济增长活动（如劳动力）税负，促进绿色发展、绿色技术和绿色就业的措施（Hogg et al.，2014）。国家改革方案应定义短期（3 年）措施，以实现经济复苏并达成与国家可持续发展战略一致的可持续发展目标。

英国于 2011 年 1 月成立了绿色经济政策委员会，支持政府向绿色低碳经济转型。该委员会汇集了各行业和部门的商界领袖，就与商业、创新和技能（如基础设施、投资）、能源和气候变化及英国环境、食品和农村事务有关的绿色和绿色发展政策向政府提供咨询。这有助于减少不必要的重复监管。

针对企业存在不同的绿色税收、减免和计划：气候变化税（CCL）、碳减排承诺节能计划、排放交易、节能项目津贴、垃圾填埋税和总量征税（对在英国水域从地面挖掘或从海上挖掘的砂、砾石和岩石征收的税）。

政府认识到绿色政策（旨在减少碳排放的政策）将对工业消费者，特别是对高耗能工业消费者的支付额产生影响。为将碳泄漏风险降到最低，2013 年政府采取措施减少政策对电力密集型行业电力成本的影响，在支出审查期间，这些电力成本约为 2.5 亿英镑。[6]2013 年 12 月政府公布了能效战略的最新进展。

英国正通过绿色投资银行鼓励绿色投资。截至 2015 年 4 月，在政府承诺提供的 38 亿英镑资金的支持下，绿色投资银行参与了缺乏充分私人市场支持的创新、环保活动。

绿色投资银行自开业以来，利用私人基础设施投资者提供的 21 亿英镑资金，共进行了 22 项投资，总金额达 7.34 亿英镑（UK NRP，2014）。

丹麦在环境监管和保护及高额绿色征税方面有着悠久的传统。它于

1992 年开始对燃料征收二氧化碳税，并对其税制进行了全面改革，减少了对收入和劳动者的征税，同时增加了财政激励措施以保护环境。丹麦与环境有关的税收收入占国内生产总值的 3.95%（低于 1994 年的 4.1%）。能源税产生的收入高于其他行业（OECD，2013）。丹麦还对稀缺自然资源如饮用水征税：水、能源和城市规划政策被视为与丹麦经济绿色化最为相关的政策（Auken，2011）。

制定水政策的目的是减少环境中的用水量和废水排放。在经济增长的同时，丹麦在 1898~2012 年设法将家庭和工业用水减少了 30% 以上，并采用了先进的废水处理方法。这些皆是通过设定环境目标（开发鼓励提高水资源提取和废水处理效率的新技术）、开展宣传活动和逐步实施市场手段实现的。用水价格包含全部的供水服务费用在内。

自 1973 年石油危机以来，丹麦一直奉行提高能源效率和实施能源供应来源多样化的战略，越来越重视可再生能源。因此，丹麦是世界上能源密度最低的国家之一，从绝对意义上讲其二氧化碳排放量与国内生产总值增长脱钩。丹麦可再生能源消费量约占能源消费总量的 22%，其当前目标是 2020 年前将这一比例提高至 30%。为实现上述目标，丹麦采取了多项政策。一方面丹麦对能源消费征税最高，目的是减少能源消费总量。大多数发电厂还提供区域供热服务，提高了丹麦能源部门的节能绩效。在开发、测试和示范阶段，可再生能源通过上网电价补贴获得资金支持。另一方面，对风力发电和太阳能电池板的税收补贴和优惠定价也起到了重要的激励作用。

由于这些政策，丹麦在风力发电技术和若干其他可再生能源技术方面处于领先地位。严格的法律和税收政策逐步推动了对相关技能和技术的需求。

1970 年对市区、避暑区和乡村地区进行严格的划分有助于保护自然景观和农业用地，防止农村发展和建设失控。此外，特定沿海地区控制着该区域的发展，而全国性的政策法规则确保了公众进入海岸的权利。这些区域使城市发展成为对均衡城市、自然和乡村土地使用利益的有效方法。

多项政府举措直接刺激了绿色生产和绿色就业。1999～2001 年，一只名为"丹麦绿色就业"的特殊公共基金表现活跃。该基金支持改善企业能源管理、建立/生产新的环境友好型企业/产品、自然保护、废物处理和有机食品生产等一系列活动。

因此，丹麦劳工拥有从事从可持续能源（风车）到废物处理和节能绿色工作的相关资格。在这些领域，丹麦具有的优势已使其成为绿色技术的先行者。根据生态创新指数，丹麦是欧盟五大生态创新国家之一。[7]

在研发和创新的其他领域，丹麦近期采取的举措包括"通过绿色解决方案实现蓝色就业"、节水工业生产、建筑改造创新及智能化、可持续和高效的工厂生产。

丹麦的职业培训体系不包括针对发展绿色经济的特殊培训计划。受需求方的长期影响，多数职业培训计划均包括与绿色技术相关的技能。[8]

新的绿色教育，如为私人家庭和公司提供绿色能源供应管理与维护服务的厂商会优化电动汽车的组装等，是颇具发展潜力的行业。这种新的工作职能不仅与制造部门有关，同时也与针对私人家庭或公司的服务和安装部门有关。然而，金融危机导致建筑业和制造业大规模裁员，许多技术工人失业。因此，目前面临的挑战并非劳动力不足，而是缺乏工作机会来解决现有合格劳动力的就业问题。相反，金融危机刺激了对出口的关注，使得"经济绿色化"辩论的焦点从环境保护问题转移到提高国际竞争力和就业的目标上来。

强有力的环境政策促进了绿色生产和绿色就业的发展。它创造了消费者和企业对通过征收绿色税收减少环境破坏和资源使用的产品的需求。

关于信息措施，北欧国家的生态标签最为成功。这些生态标签深受消费者欢迎，多数大型生产商也自愿效仿。

美国

《美国绿色就业法案（2007）》推出了与教育、劳动力市场政策和产业政策相关的措施。

该法案支持就业技能鉴定和培训方案制订，并授权联邦政府每年为3.5万人提供就业培训资金（1.25亿美元），使其获得在节能建造、可再生电力、节能汽车和生物燃料等领域的就业机会。此外，该法案还令政府拨款8000万美元作为过渡之需——绿色就业再培训，例如教授建筑工人绿色施工技术、拨款2500万美元用于探索绿色脱贫路径，即在太阳能安装和修建绿色屋顶等领域为低收入人群提供工作培训、拨款2000万美元用于可再生能源与能源效率研究。

《美国绿色就业法案（2007）》后来（2009年）被纳入《能源独立与安全法案》，并通过《美国复苏与再投资法案》（ARRA）获得5亿美元的拨款。《美国复苏与再投资法案》资助了一项国家劳动力培训计划——走出贫困，目标是为生活在贫困线以下的个人提供进入绿色就业市场尤其是节能和可再生能源行业所需的技能。

2009年《美国清洁能源与安全法案》（ACES），也称为《韦克斯曼市场法案》，可解释美国在采取绿色政策方面面临的挑战。它试图创设类似于欧盟排放权交易计划的制度。该法案于2009年获得众议院批准，但被参议院否决。[9]

众议院投票通过的法案是众议院或国会首次通过的法案，旨在遏制科学家认为与气候变化有关的温室气体排放。根据传统基金会的研究，该法案对世界气温的影响很小，但到2035年会发生以下变化：

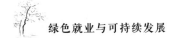

- 使国内生产总值减少 7.4 万亿美元；

- 平均减少 84.4 万个就业岗位，高峰年的失业人数将增加 190 万人；

- 将经通货膨胀调整后的汽油价格提高 74%；

- 使居民用天然气价格上涨 55%；

- 使平均每个家庭每年增加 1500 美元的能源支出；

- 将经通货膨胀调整后的联邦债务增加 29% 或经通货膨胀调整后，每人额外增加 33.4 万美元的联邦债务（Beach et al.，2009）。

国会预算办公室的估计与传统基金会有很大区别，但其结果同样受气候与能源解决方案中心分析的挑战。[10]

美国国会预算办公室的结论是《韦克斯曼市场法案》将使 2010~2050 年国内生产总值的预计年均增长率下降 0.03~0.09 个百分点。即在最坏的情况下，它将年均增长率从 2.4% 下调至 2.31%。总的来说，预算办公室得出的结论是到 2050 年强有力的气候变化政策将使美国经济下降 1.1%~3.4%。

现有的主要政策强调"清洁"（但不等同于"绿色"）。政策主要涉及（通过促进碳捕获和测序技术及针对新的和现存的发电厂采用联邦温室气体排放标准）促进能源部门的脱碳、节能和开发清洁燃料（主要为生物燃料）。这也被视为应对气候变化的一种方式。可再生税收抵免支持可再生能源的使用。若干州设定了排放交易计划和温室气体目标（加利福尼亚的排放交易系统的目标为到 2020 年将温室气体水平降至 1990 年的水平，到 2050 年使其进一步降低 80%）。

在环保方面，政策的重点是恢复生态系统和减少电厂的汞污染。

加拿大

与鉴定和评估加拿大绿色政策有效性相关的主要挑战是缺乏对绿色

经济的定义及存在将环保商品与服务政策与经济绿色化政策对立的认知差距。鉴于加拿大的国情，这一差距在哪些绿色政策应优先实施的问题上显得尤为突出。[11]

如果没有明确的定义和指标，就很难正确规划和采取有助于向绿色经济转型的措施。此外，这一有限定义造成了对当前其他经济部门在绿色经济中扮演角色的错误认识，并限制了对整体经济如何走上可持续发展道路的全面理解。

其他经济部门包括自然资源开采部门。虽然该部门并非绿色部门，但绿色政策应能应对（抓住）经济中最重要的挑战（机遇）。就加拿大而言，相关的挑战来源于宏观经济（如出口多元化、人口结构的不断变化、高币值货币、失业、政府和消费者债务居高不下）。

对于加拿大出口以自然资源为主的事实存在经济和环境方面的担忧。为促进出口导向型产业的发展，发展技术和新的绿色产业可以应对当前的挑战。

中国

中国的"十二五"规划（2011～2015）中包含关于"绿色发展"的章节。绿色发展明确了六大战略支柱：气候变化、资源节约与管理、循环经济、环境保护、生态系统保护与恢复、水资源保护与自然灾害预防。这些支柱包括若干新约束目标（如到 2015 年单位国内生产总值的碳排放量减少 17%，氮氧化物和氮气排放量减少 10%）和主要涉及工业节能减排的详细政策指导方针。

节能政策强调减少能源浪费和提高能源效率。它的实施依赖市场手段（如税费、补助和其他手段）、国际合作和资源控制。清洁能源、节能、清洁汽车被视为三大增长行业。生产新能源汽车可抵扣税款，同时废热发电项目固定资产投资实行零税率。能源定价政策被用于降低能源消耗。展开国际合作推动了技术发展（例如与美国合作的清洁碳捕获和测序技术项目，与德国合作的电动汽车项目）。

减排政策关注减少污染，如二氧化碳、硫化物、氮氧化物、颗粒物和水污染。政策主要依赖市场手段（税费和补助）、信息措施和资源控制，如对购买减少空气污染的新车实行补助、对重型柴油车实施特殊的排放标准。目前七个城市/地区已引入排放交易计划。产业政策有望引导绿色产业发展。

日本

日本的绿色政策在农业和能源两个领域得到了成功实践（世界资源研究所，2011）。

相关的农业政策建立在行为基础之上，能够提供体面的工作和实现可持续生产，例如参加国际公平贸易标签组织。[12]

公平贸易标签保证农民通过公平贸易农民合作社获得公平的贸易价格。这一价格是以可持续生产的平均成本（与波动的全球商品市场价格相反）为基础的。此外，标签确保农民受到适当劳工标准的保护，并支付适当的公平贸易"溢价"（除公平贸易价格外）以促进社区项目开展，即参与国际公平贸易标签组织规定的、在支持该项目的国家尚未开始实行的绿色农业生产。[13]

世界资源研究所将一揽子绿色刺激计划和"领先方案"确定为能源部门成功的绿色政策方案。

日本在2009年通过了一揽子绿色刺激计划（1.54亿美元）以促进环保技术的发展，实施包括补贴和减税在内的措施，为家庭提供更为低廉的太阳能，并支持节能设备和车辆的使用。这些政策包括减免消费者购买绿色汽车的税收（最高 2500 美元）以及对购买节能电视和其他电器提供 5% 的补贴。

领先方案为在日本销售的 21 种产品（如电视、空调、自动售货机）制定了能效标准。定期对某类当前可购得的所有产品进行测试以确定最有效的设计。该设计的能效水平被定义为新的基准。制造商有义务努力使其产品在 4 ~ 8 年内达到新的基准水平。如果某制造商未达成目标或未做出真诚的努力，该事实将被公布。符合能效标准的产品会被贴上能效标签，而不符合基准水平的产品则会被贴上不同的标签。这促使其他公司试图进行更高效的设计来参与竞争。该方案制定了不断改进的能效标准。

日本绿色政策的特点是重视制定绩效标准并与业界达成协议。该政策以提供各类补贴的形式鼓励消费者购买环保产品，而非简单地将环境成本计入商品和服务的价格。

这些措施促使日本成为与环境和气候相关技术领域的领先者，并有助于日本提高生产过程和产品的环境绩效。它们促进了技术进步。

经济合作与发展组织认为，更具成本效益的政策工具，特别是适用于整体经济而非特定部门的市场手段（如碳税、总量管制和交易制度），将为实现环境目标和促进生态创新提供更好的激励（OECD, 2010）。

韩国

2008 年，韩国通过了三项关键文件，制定了绿色政策的框架。[14] 这些文件包含了三个主要目标：

- 打造"生态友好型国民经济新增长引擎"；
- 提高韩国的生活质量；
- 为应对气候变化的国际努力做出贡献。

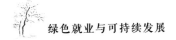

文件还确定将国内生产总值的 2% 用于实现绿色发展目标，因此该方案在国内被称为"绿色新政"。

在政策实施的第一阶段，政策（和相关资金）将重点关注基础设施建设，随着时间的推移，支出转向以出口为主的绿色技术研发。

2009～2013 年执行的十项绿色政策类别具体如下：

- 有效减少温室气体排放；
- 减少使用化石燃料和提高能源的独立性；
- 增强国家应对气候变化的能力；
- 发展绿色技术；
- 现有产业"绿化"和推进绿色产业发展；
- 促进工业部门的发展；
- 构建新绿色经济的结构基础；
- 绿化土地和水资源及建设绿色交通基础设施；
- 将绿色革命带进国民日常生活；
- 成为国际社会绿色发展领导者的楷模。

在第一项政策类别下，具体活动包括：

- 建立国家温室气体库存报告制度和排放交易机制；
- 制定建筑、交通和工业污染缓解策略；
- 推行植树造林和可持续林业管理方案以增加碳吸收。

同样，根据第八项政策类别（绿化土地和水资源及建设绿色交通基础设施），相关活动包括逐步引入温室气体排放交易系统，该系统 2013 年的初始交易量达到 5000 亿韩元（4 亿美元），2020 年的交易量将达到 2 万亿韩元（16 亿美元）；为绿色科技和绿色产业部门提供公共信贷担保，投资额从 2009 年的 2.5 万亿韩元（20 亿美元）增加至 2013 年的 7 万亿韩元（56 亿美元）和 2020 年的 8 万亿韩元（64 亿美元）；改革国家税收制度，鼓励减少温室气体排放、节能和其他绿色经济活动。

政府部门通过一揽子刺激计划和提高能效来实施绿色政策。

韩国在能源领域安排了 307 亿美元的一揽子刺激计划。该计划支持政府在各类环境项目上的努力，包括发展可再生能源、实施建筑节能、生产低碳汽车、铁路扩建及水资源和废物管理。

政府还制定了所有碳和能源密集型行业碳排放的强制性披露制度及温室气体排放上限。

一揽子绿色刺激计划的益处包括增加绿色部门的就业，强化能源和收入安全，减少温室气体排放（到 2020 年，比国家正常水平低 30%）。此外，绿色政策支持创造需求，因而改善了绿色产品的市场机会。

提高能效主要以国家新能源和可再生能源规划为指导。2008 年，韩国通过了新能源和可再生能源的第三个国家研发和部署基本计划（简称第三个基本计划）。它确定了新能源和可再生能源的开发和部署目标。根据该计划，2020 年国家新能源和可再生能源在韩国一次能源供应中所占份额将达到 4.2%，2030 年将达到 5.7%。根据第三个基本计划的目标，韩国希望到 2015 年将新能源和可再生能源的总份额提高至 4.3%，到 2020 年提高至 6.1%，到 2030 年提高至 11%。

政府部门的特殊和一般绿色政策是一致的——绿色政策支持基本计划的实施。第二项绿色发展政策类别（减少使用化石燃料和提高能源的独立性）支持实施第三个基本计划的目标——新能源和可再生能源的部署，即通过新能源和可再生资源生产工业化与应用可再生资源组合标准，并要求公用事业部门满足不断提高的可再生资源利用水平。

既然韩国绿色政策的目标是成为全球绿色能源/绿色技术的领导者，其政策应同时在全国和国际范围内实施。例如，在五年计划的第二类政策（减少使用化石燃料和提高能源的独立性）下，实施措施涉及鼓励在海外资源开发方面有专长的企业努力探索促进绿色发展的海外合作。

研发和创新政策同样支持韩国经济的绿色化，这也提升了韩国在全球市场中的地位。因此，绿色政策支持发展绿色技术（太阳能电池、高能燃料电池、煤气化联合循环和智能电网技术）和纵深发展战略产业（汽车、化工、半导体和钢铁）。

研发和创新政策的具体目标是 2013 年将韩国在绿色能源技术方面的全球市场份额提高至 8%，绿色产品（战略产业）出口的全球市场份额从 2009 年的 10% 提高至 15%。

这些政策措施对融资公司的商业战略具有重要作用。2009 年韩国开发银行宣布计划提供约 5000 万美元用于马来西亚棕榈油种植园生物质可再生能源项目，将产生 300000 单位的认证减排。这将有助于其成为亚洲领先的温室气体减排项目的投资方。2009 年韩国贸易馆（KO-TRA）和 9 家韩国公司共同发起了一项倡议，旨在发掘以可再生能源为重点的清洁发展机制与项目开发的投资机会，包括生物质/沼气、风能、水能和节能项目。

同样，韩国处于领先地位的工业集团也接受了挑战，多数企业已计划在风能、太阳能、电力/混合动力、汽车、智能电网和相关绿色技术等领域大力实施研发、制造和出口计划。

韩国将绿色政策作为一类商业模式推广，为如何通过税收政策、交通和能源基础设施培育支持以可再生能源技术发展为基础的经济增长机会提供了成功典范。

2008～2010 年，韩国的绿色政策是在低碳、绿色发展政策框架下制定的。2010 年《低碳与绿色发展基本法》正式生效。该法以绿色融资（担保、银行贷款和风险资本）和促进绿色创新与私人投资的新增长引擎为基础。

澳大利亚

2011 年世界资源研究所确定了两类澳大利亚绿色政策作为成功实

践的典范（世界资源研究所，2011）。这些政策类别具体如下：

- 教育和劳动力市场政策；
- 制度、规范和条例及行为政策。

《绿色技能协议》旨在为职业教育与培训部门提供促进可持续发展的技能并使个人、企业和社区快速适应发展可持续低碳经济的能力。这将通过以下方式实现：将可持续发展实践和职业教育与培训技能纳入国家监管框架；提升职业培训与教育导师教授可持续发展所需技能的能力；对针对可持续发展所需知识、技能和规范的一揽子培训计划（认定参与者技能的国家标准和资格证书）进行审查；实施转型战略，提高弱势劳动者技能。

澳大利亚政府委员会于 2009 年批准了《绿色技能协议》，该协议支持澳大利亚政府、州政府和地区政府与培训机构及企业合作，培养可持续发展所需技能。

《绿色技能协议》使每年有 170 多万澳大利亚公民通过由 4000 多个公共和私营注册培训机构组成的全国性网络参与职业培训与教育。此外，该协议为绿色产业创造了市场机会，并通过建筑、能源、采矿、制造、运输、农业及服务行业的转型，支持减少温室气体排放（世界资源研究所，2011）。

2013 年澳大利亚经历了政府换届。新政府从根本上修改了环境政策，解散了气候委员会、参议院及其他一些机构（如气候变化组织机构和清洁能源金融公司）并取消了绿色政策。碳税被新措施（包括鼓励企业减少排放的减排基金）所取代。

巴西

巴西政府重视使用可再生能源。乙醇的使用在运输部门非常普遍。

因此，能源和交通部门的减排和经济绿色化的机会相对有限。重点只能放在禁止滥伐森林上。此外，巴西在城市绿色化发展方面也取得了重大进展。

绿色政策（主要是低碳政策）预计将在三个方面产生效益：促进经济增长、实现长期可持续发展和控制气候变化。

巴西在促进可持续发展方面取得了令人瞩目的成绩。森林保护政策和方案成果显著，滥伐森林现象大大减少。巴西还开始采用创新解决方案，协调增长和可持续发展间的关系。

尽管取得了显著进展，巴西大约40%的碳排放仍然来源于森林砍伐。考虑农业和牧场后，巴西75%的碳排放源于土地用途的改变。

进一步减少滥伐森林的空间很大。根据世界银行的数据，与同年估计的参考情景相比，使用不同的方式，如增加牧场的使用与令退化地区生态恢复以避免对新区域的侵蚀，到2020年可减少高达68%的森林砍伐（World Bank，2010）。市场机制不足以有效减少排放，因此监管成为必需手段。

城市公共交通政策到2030年可减少26%的碳排放。将这些政策和增加乙醇的使用相结合可双倍减少碳排放。废物管理部门在巴西碳排放量中占比最低，2008年为4.7%，但如果实施适当政策，到2030年该部门的排放量将减少80%。

因此，城市规划政策对促进经济绿色化具有重要作用。巴西采取了一项政策手段，将法规控制污染产业与金融支持城市服务相结合。其中城市服务包括公共交通、废物管理、地方基础设施建设和公共教育。该手段的一个成功案例是巴西巴拉那州的库里蒂巴市建设。该市实施了多项创新制度以创造就业机会、改善公共交通的可达性、促进住房建设的发展和改善废物管理。另外，该市整合了"径向线性—分支模式"，通过分流市中心的交通来均衡交通密度，并通过鼓励沿径向轴发展工业来保护绿地。库里蒂巴市启动了快速公交系统，并在城西建立了执行严格环境法规，禁止"污染"工业。

能源部门的良好绿色实践模式在城市层面也得到了推广。圣保罗市政府制定了温室气体减排目标（到 2012 年达到 2005 年水平的 30%）。主要执行手段集中在交通、可再生能源、节能、废物管理、建筑和土地使用方面。圣保罗是巴西通过此类立法的第一个城市。

该政策的成功可通过空气质量、温室气体排放量、与公共交通可达性有关的指标、预期垃圾填埋场废物的减少量和由于建筑用认证木材需求的降低导致森林砍伐的减少量来衡量。

墨西哥

墨西哥正使用一种市场监管手段促进绿色经济的发展，协调经济、社会和环境目标间的关系。《气候变化法》、《森林保护法》及为提高可再生能源和能源效率而通过的立法和资助制度是墨西哥绿色政策的典范。

税收政策同样用于实现环境和社会目标。环境相关税收和环境有害补贴改革被视为解决气候变化和其他环境问题的手段。它有助于扩大税基。

在补贴方面，消除环境和社会补贴不合理现象具有很大空间。例如，运输燃料价格是通过价格平滑机制进行调节的。该机制在世界石油价格高企时会产生隐性补贴。尽管政府在 20 世纪末逐步提高了燃油价格，但 2011 年该补贴仅占国内生产总值的 1.2%。

总的来说，2005～2009 年平均年能源补贴，包括农业和居民的用电补贴，约占国内生产总值的 1.7%（OECD，2013）。

大部分补贴对于富人的益处远大于穷人。最贫穷的 20% 人口仅能得到 11% 的居民用电补贴和不到 8% 的交通燃料补贴。同样，90% 的农业价格支持和 80% 的抽水用电补贴却能惠及最富裕的 10% 的人口。
2008 年，能源补贴支出是反贫困方案的两倍之多。

因此，取消环境有害补贴，协调环境和减贫目标是实现环境和社会
目标的重要手段。

绿色活动的推广预计会增加就业需求及人员培训需求。因此，必须
以劳动力供求匹配为目标，将就业、教育和职业培训政策与环境政策相
联系（如国家气候变化法和国家可持续生产与消费方案）。

土耳其

在土耳其，绿色政策是指利于环境保护（符合欧盟标准），特别是
强调资源效率、清洁生产和消费、降低排放强度、促进环境部门就业和
创新、具有社会包容性和改善社会福利的系列政策。这些政策通常伴随
着多项经济政策（提高投资水平和效率、创造就业机会、提高劳动生产
率）和其他措施以提高竞争力、降低风险（World Bank，2008）。

土耳其的环境政策工具大多局限于能源税、环境影响评估和污染处
罚。此外，对废水和固体废物管理需征收市政服务费，对水灌溉需收取
象征性费用。

人们意识到为实现绿色发展必须采取额外的政策措施，如额外的污
染税、排放交易和许可证及降低能源强度的减排投资。

绿色政策组合包括监管、市场和信息措施。土耳其环境法支持利用
碳市场开展气候行动。该法计划在 2015 年建立碳市场。绿色政策应消
除绿色创新和绿色发展的制约因素，并能处理与主要战略部门的关系。

在土耳其，具有巨大绿色化潜力的战略部门面临许多制约因素——
通常表现为市场、体制或政策失灵。如果产品未被市场充分"定价"，
便可能出现市场失灵。这对于污染而言非常普遍，由于市场无法反映商

品或服务的真实社会成本，市场失灵常常发生。在这种情况下，政府干预实际上是将环境"外部效应"内部化，即所谓纠正市场失灵。如水泥或钢铁行业的二氧化碳或 10 微米以下可吸入颗粒的排放。根据"污染者付费"原则，这些部门应偿付为减少污染发生的额外费用。制度失灵更难以准确定义，但其通常在缺乏政府干预或机构规范某类行为时发生。例如，农业水价机制的缺失可被视为制度失灵（导致低效使用）的表现形式。政策失灵通常是指政策未能达到预期目标。多数能源政策都属于上述情况，其对化石燃料的补贴与能效目标背道而驰导致过度消费。

通过政策激励比最初的设想更为复杂，然而欧盟指令提供了一些土耳其必须遵循的指导原则。附表 5.1~5.2 列举了土耳其面临的主要制约因素、适用的欧盟指令和可能的政策应对措施以指导该国向绿色经济转型。

结束语

为实现绿色化，政策应支持可持续发展，并同时涵盖环境和增长两部分内容。它主要与绿色就业、绿色经济或绿色发展有关。

狭义上的绿色政策是指与环境产品与服务相关的政策（特定部门的环境政策）。广义上的绿色政策另外涉及增长和宏观经济政策。

绿色政策应在短期、中期和长期内支持绿色经济转型，包括就业机会的创造和破坏（将对劳动力供应和生产力、工资、税收、能源价格和总体价格水平产生影响）。例如，提高环境污染税和降低劳动税负可以创造绿色就业机会，因此可被视为绿色政策。绿色政策还应顾及绿色经济所需技能，因此教育、培训及税收政策都可被称为绿色政策。

几乎所有的政策行动都可绿色化，同时有助于（社会、经济等）可持续发展。这些政策必须保护环境和带来经济效益。因此，绿色政策包括宏观经济政策和微观经济政策。它们还应能纠正市场失灵（通过使用解决环境外溢或监管问题的市场手段）。[15]

在国家层面，绿色政策还应能应对当前和日益凸显的新挑战。因此，绿色政策形式多样，致使政府很难针对单项措施监测其执行情况。

这些例证为解决正在进行的关于如何实践"绿色发展"及其可用手段、可能出现的阻碍争议做出了贡献。

然而，虽然某些政策附有效果评估，但关于执行费用的信息却相当有限。绿色政策的效果取决于所采取的政策措施、方法和具体国情。

国际劳工组织采用双重红利假设，根据该假设，政策措施可以同时实现经济效益（就业福利）和环境改善（ILO，2013）。不同研究提供了不同的情景和方法，但多数研究表明，就业绿色发展的净收益为0.5%~2.0%（ILO，2013）。据估计，全球范围内，征收二氧化碳税并利用由此产生的收入削减劳动税可创造多达1400万个新增就业岗位（ILS，2009）。

多数政府的当前政策对解决全球经济面临的最严重问题，即日益扩大的收入差距和结构性失业（与创造绿色/体面工作相关）几乎毫无帮助（WEF，2014；Piketty，2014）。政策从紧缩到扩张——投资低碳经济以改善劳动力市场状况、技能、教育和创新可以创造就业机会，同时支持绿色发展。其他相关的绿色政策包括限制温室气体排放、适应气候变化和环境政策。

这些政策的相对优先权取决于具体国情（Bouzaher et al.，2013）和各类资本包括自然资本的可得性。

以生产者和消费者为目标的政策组合使绿色化成为可能。这些组合应聚焦并优先考虑关键领域。组合范围可集中于以下四个方面：市场手段、规则和标准、激励研发的措施和信息手段。然而，由于在最优环境政策工具和增长政策上尚未达成一致意见，协调现有政策工具和政策目标仍是一项挑战。

注　释

1. 第四章表 4.3 介绍了该问题在国家层面得以解决的各类方法。

2. 总量管制是指发放排放权污染物许可证。企业制造的污染比其获得的许可更多，因而必须从他方购买额外的许可；拥有比使用许可更多的公司可出售其盈余。这有助于减少污染。

3. 这绝非一份详尽无遗的清单，如"里约 + 20"峰会将国际贸易定义为发展、经济持续增长和绿色经济转型的引擎。

4. 综合污染预防与控制指令是典型的监管手段。它的实施受益于一致协商、市场手段和信息手段三种并行方法的使用。

5. 还有其他相关的、针对特定部门的绿色政策，如加入国际公平贸易标签组织被视为一项与农业相关的绿色政策。更多信息请参见关于日本的论述。

6. 碳泄漏通常用于描述出于对气候政策成本的考虑企业将其生产转移至对温室气体排放限制更为宽松的国家时可能出现的情况。

7. 在生态创新方面排名靠前的欧盟国家是瑞典、芬兰、德国、丹麦和英国，相对于欧盟平均水平（ = 100）而言，它们的得分分别为 138、138、132、129 和 122（Eurostat，2014）。

8. 例如，将在建筑物内安装节能设备的方案列为绿色方案。

9. 关于该法案和其他倡议的更多信息，请参见气候和能源解决方案中心在线网站，网址为 www. c2es. org/federal/congress/111。

10. 关于更多信息，请参见气候和能源解决方案中心在线网站，网址为：www. c2es. org/federal/congressional-policy-brief-series。

11. 这与广阔的土地面积、气候变化及资源开采对于经济的重要性有关。

12. 这是一项包括日本、欧洲 20 多个国家以及北美、澳大利亚和新西兰的方案。

13. 例如，公平贸易在咖啡生产方面取得了良好的发展。这些咖啡种植在阴凉处，与在森林树冠被移除处种植的咖啡相比，它们提供了鸣禽栖息地和其他环境效益。公平贸易赢得了越来越多消费者的支持，其产品在 70 个国家获得了显著的市场份额。在一些国家的市场上，某些公平贸易产品占同类产品市场份额的 20% ~ 50%。2008 年，世界范围内公平贸易的销售额约为 40 亿美元，惠及约 600 万人口。

14. 《国家绿色发展战略》（2009 ~ 2050）、《绿色发展五年规划》（2009 ~ 2013）和《低碳绿色发展框架法》。2009 年，韩国国民议会通过了《低碳和绿色发展基本法》，其目标为每年将国内生产总值的 2% 用于扶持绿色企业和项目、奖励减少温室气体排放，并将该法的实施交由几个主要部委负责。

15. 市场手段被视为有效的执行手段。有批评指出绿色经济概念下的假设是错误的，当前的环境和气候危机并非市场失灵的结果，因此无法通过自然资源定价方式进行纠正。

References

Auken, I., 2011. *Danish Best Practices in the Context of Green Economy.* Sharing Green Economy Best Practices towards Rio + 20. Warsaw, 11 October.

Bouzaher, A., Guadagni, M., Sahin, S., Meisner, C. and Kasek, L. P., 2013. *Turkey Green Growth Policy Paper: Towards a Greener Economy.* Washington: World Bank.

COWI, 2008. *Environment and Ageing.* Kongens Lyngby. Online, available at: http://ec. europa. eu/environment/enveco/others/pdf/ageing. pdf （accessed 16 November 2014）.

Eckert, D. , 2014. *Green Jobs for Inclusive Growth.* Speech. 8 July. Online, a-vailable at: http://ec. europa. eu/environment/news/efe/articles/2014/07/article_20140708_01_en. htm (accessed 5 November 2014).

Ecorys, 2010. *Programmes to Promote Environmental Skills.* Online, available at: http:// ec. europa. eu/environment/enveco/industry_employment/pdf/environmental_skills_report. pdf (accessed 17 October 2014).

Eurostat, 2014. *European Statistics.* Online, available at: http://ec. europa. eu/eurostat.

IILS, 2009. 'World of Work Report 2009: The Global Job Crisis and Beyond'. ILO, IILS. Online, available at: http://ilo. org/global/resources/WCMS_118384/lang – – en/index. htm (accessed 25 November 2014).

ILO, 2013. 'The Double Dividend and Environmental Tax Reforms in Europe'. EC-IILS Joint Discussion Paper Series No. 13, ILO, EU and IILS. Online, a-vailable at: www. ilo. org/wcmsp5/groups/public/ – – – .../wcms _ 194 183. pdf (accessed 1 April 2015).

ILO, 2014. *Developing with Jobs.* Geneva. Online, available at: http://ilo. org/wcmsp5/groups/public/ – – dgreports/ – – dcomm/documents/publication/wcms_243961. pdf (accessed 26 July 2014).

OECD, 2010. *OECD Environmental Performance Reviews: Japan.* Online, available at: www. oecd. org/env/country-reviews/46412900. pdf (accessed 4 November 2014) OECD, 2011. *Towards Green Growth. Summary for Policy Makers.* Paris. Online, available at: www. oecd. org/greengrowth/48012345. pdf (accessed 3 November 2014).

OECD, 2013. *OECD Environmental Performance Reviews: Mexico* 2013. Online, a-vail-able at: www. oecd. org/env/country-reviews/EPR% 20Highlights% 20MEXICO% 202013% 20colour% 20figures. pdf (accessed 4 November 2014).

Piketty, T. , 2014. *Capital in the 21st Century.* Cambridge, MA: Harvard University Press. Saad-Filho, A. , 2010. 'Growth, Poverty and Inequality: from Washington Consensus to Inclusive Growth'. *UNDESA Working Paper* No. 100. November. Online, available at: www. un. org/esa/desa/papers/2010/wp100_2010. pdf (accessed 4 December 2014).

Slingenberg, A. , Rademaekers, K. , Sincer, E. and van der Aa, R. , 2008. *Environment and Labour Force Skills.* Rotterdam: Ecorys. Online, available at: http://ec. europa. eu/environ-ment/enveco/industry _ employment/pdf/labor_force. pdf (accessed 2 October 2014).

WEF, 2014. *Global Risks* 2014. Online, available at: www3. weforum. org/docs/WEF_GlobalRisks_Report_2014. pdf (accessed 25 November 2014).

Wo, L. , 2014. *Green Jobs in China: Comparative Analysis, Potentials and Prospects.* Friedrich Ebert Stiftung. Online, available at: www. fes-asia. org/media/publica-tion/2012_Green_Jobs_Study_CHINA. pdf (accessed 20 September 2014).

World Bank, 2008. *Turkey Economic Memorandum: Sustaining High Growth: Selected Issues.* World Bank Report No. 39194, 10 April 2008.

World Bank, 2012. *Inclusive Green Growth: the Pathway to Sustainable Development.* Washington, DC.

World Bank, 2013. *Turkey Green Growth Policy Paper: Towards a Greener Economy.* Washington, DC. Online, available at http://documents. worldbank. org/curated/en/2013/04/17782290/turkey-green-growth-policy-paper-towards-greener-economy (accessed 10 August 2014).

World Resources Institute, 2011. *A Compilation of Green Economy Policies, Programs, and Initiatives from Around the World.* The Green Economy in Practice: Prepared for Interactive Workshop 11 February 2011. Online, available at: http://pdf. wri. org/green_economy_compilation_2011 – 02. pdf (accessed 4 October 2014).

附表5.1　推动土耳其绿色创新的政策

政策挑战	土耳其整体评估结果	政策选择
绿色创新需求不足	政府对中小企业的绿色创新进行补贴但缺乏市场手段、标准或法规	• 特定市场环境下的需求方政策，如公共采购的标准和法规 • 外部性定价与加强激励的市场手段
缺乏创新能力	私营部门主导的绿色创新由大型出口公司推动	• 创新政策
存在技术障碍和缺乏根本创新	学术领先创新	• 投资相关研发包括主题和任务导向型研究 • 国际合作
偏好对现有技术的研发和投资	绝对水平较低，但尚有提升空间	• 研发支持、税收激励 • 推荐奖励/补贴 • 技术奖励
缺乏资金	需创造更多机会，包括政府和社会资本合作	• 建立共同投资基金 • 开拓市场
存在对新公司的监管障碍	并非主要限制	• 监管改革 • 竞争政策 • 领跑方案
中小企业缺乏绿色创新的能力	能力需求高（如专业教育、职业规划）	• 融资支持 • 技能培养 • 中小企业与知识网络对接 • 改善信息供给 • 减少监管负担
非技术创新	主城区存在系列问题（如运输物流）	• 城市与交通规划 • 监管改革
国际技术转让	知识产权（IPR）和专利池制度实施不力	• 能力发展 • 交易和投资政策 • 知识产权保护和强制执行 • 专利池和合作机制

资料来源：OECD（2011）。

附表5.2　克服绿色发展制约因素的政策选择

绿色发展制约因素	对土耳其的整体评估结果	政策选择
基础设施不完善	对企业活动的制度支持力度不够	• 政府与社会资本合作 • 公共投资 • 关税 • 搬迁

续表

绿色发展制约因素	对土耳其的整体评估结果	政策选择
人力资本和社会资本不充足和制度存在缺陷	虽存在治理问题，但土耳其是充满活力的新兴经济体	• 补贴改革/取消补贴 • 增加和稳定政府收入
不完全产权、补贴	实施不力	• 审查、改革或取消
监管存在不确定性	有长期规划传统，但需加强制衡	• 制定目标 • 构建独立的监管体系
信息外溢和分拆激励	存在信息宣传（如生态标签），但仍需进行大量工作并将重点放在受欧盟管制的产品上	• 标签标注 • 自愿方式 • 补贴 • 技术和性能标准
环境的外溢效应	价格无法反映稀缺性或其他非市场价值（如污染税）	• 交易许可 • 补贴 • 税收
研发回报率低	特定公司（如大型出口商）的研发稳健	• 研发补助和税收激励 • 专注通用技术
网络效应	存在网络效应（如在工业园区，甚至城市），但仍需增强以利用潜在的协同效应	• 加强网络产业的竞争 • 对新网络项目进行补贴或贷款担保
竞争壁垒	私营部门得到蓬勃发展	• 改革条例 • 减少政府垄断

资料来源：OECD（2011）。

附表 5.3　关键战略部门的政策反应示例

部门	绿色化潜力	主要约束	欧盟指令与迄今取得的进展	可能的政策反应
农业	推动免耕、牧草改良等水土保持实践工作	缺乏知识；抵制变革；专用设备有限；无法为初期投资提供资金	—	• 农业环境计划，如环境农业土地保护计划（CARAK）；通过 IPARD 方案的优轴 2 赞助驾驶员 • 地方教育和增强保护性耕作意识的宣传活动
	灌溉节水	水资源的低效利用；渗漏；硝酸盐污染	硝酸盐指令	• 公共硝酸盐指令迎合硝酸盐指令而实施的养分去除方案为支持方案 • 反映稀缺价值的用水定价（以税收形式）加上节水和排水技术援助方案
汽车工业	节能	低成本投入导致使用效率低下		• （以税收收形式）收回投入的全部或社会成本
	废物回收	产品创新（更高回收率）	报废车辆	• 生产者责任 - 针对二级回收市场的回收方案；生态标签
建筑	节能	体制安排和融资		• 排放产出税
水泥	二氧化碳排放	市场失灵（二氧化碳未被定价）	综合污染预防与控制/排放权交易系统	• 排放产出税；建立排放权交易系统（ETS）
电子	有害废料		有害废料	• 完全禁止 - 限制；罚款或违规处罚
	电子废弃物中的汞、镉、铅及其他有毒物质	短生命周期导致产量增加；利益相关者与废弃电器电子设备指令间的关系协调	有害废料电器电子设备指令	• 生命周期管理规定要求按照危险废物和废弃电器电子设备指令进行安全处置；创建电子危险废物收集点
钢铁	二氧化碳和 10 微米以下的可吸入颗粒物	高炉技术过时；高炉碳排放密集	综合污染预防与控制/排放权交易系统	排放产出税；建立排放权交易系统（ETS）

续表

部门	绿色化潜力	主要约束	欧盟指令与迄今取得的进展	可能的政策反应
	减少粉尘、重金属、一氧化二氮、有机气体/蒸汽、二恶英和呋喃的排放	需要进行预处理的脏废料进口	废物和危险废物指令	监管进口废料；提高国内废物回收利用率以减少对进口废料的依赖；经生态认证或贴标产品
机械工业	废物和电子废物的处理	体制和市场失灵（缺乏废物处理的体制保障和二级市场电子废物的回收潜力）	废弃电器电子设备指令	废物管理费（包括常规和危险品费用）；填埋规定；生态标签
白色家电	废物和电子废物的处理	体制和市场失灵（缺乏废物处理的体制保障和二级市场电子废物的回收潜力）	废弃电器电子设备指令	废物管理费（包括常规和危险品费用）；填埋规定；生态标签

资料来源：World Bank（2013：43－44）。

第六章　绿色就业

——可持续发展的踏脚石抑或绊脚石

虽然绿色就业、绿色经济与绿色发展概念的来源不同、承载主体不同、目标受众群体不同，但它们几乎是可相互替换的。这些概念发展背后的主要推手是对建立将环境、发展与经济决策、政策及规划结合得更为全面的方法的需求。

可持续发展同样属于综合性概念，包括对经济、社会和环境的考虑。

可持续发展是指既能满足当代人的需要，又不对后代人满足其需要的能力构成危害的发展。绿色就业的特点是体面、环保、低碳。绿色就业顾名思义就是既满足从业人员的需求又不危害后代满足其需要的能力。因此，绿色就业有助于促进可持续发展。

然而，绿色就业在总就业中占比小，表明其经济和社会影响力有限。绿色就业的规模大致相当于脱碳率（1.2%，见第二章表2.1）和环境税收入。

虽然绿色就业与脱碳率的相关性并不意味着二者有任何因果关系，但似乎增加绿色就业有利于脱碳。因此为实现可持续性，绿色就业的比重必须加大。

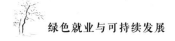

由于体面、环保、低碳概念的动态演变性及国家、部门的特殊性，衡量绿色就业的指标通常难以识别。技术和经济的变化影响着绿色的内涵：发展改变了人们对体面和低碳工作的看法。然而，为使定义保持前后一致，应首先描述定义绿色就业的方法。一组说明性且涉及部门、产品或服务、生产方法、价值链定位的指标将有助于定义绿色就业（见专栏6.1）。

专栏6.1　定义绿色就业指标的说明性清单

1. 就业部门是否被视为"绿色的部门"，如可再生能源和循环利用部门。

2. 就业公司提供的产品或服务对环境的影响或输出。

3. 公司提供产品或服务的生产方法，包括技术和实践。

4. 公司对环境事业的绿色意识和承诺。

5. 在产品或服务价值链中的定位。

6. 职业性质及其是否有助于改善环境。

7. 就业所需的专业绿色技能和能力。

8. 工作的体面程度及其是否提供足额工资、工作保障和安全的工作环境等。

9. 与传统领域相比，致力于执行绿色任务的绿色工作量。

资料来源：作者基于对国际劳工组织（2013）资料的整理。

指标的说明性清单表明绿色就业的概念包括对经济、社会和环境的考虑。

表6.1总结了定义详单中的关键词（见专栏1.1，2.1，3.1），并根据可持续发展标准的三个维度进行了分类。

表6.1显示绿色概念有很大重叠，包括描述增长和经济发展、环境保护、低碳发展、复原力、资源效率、生态可持续性、人类福祉、包容

性和公平时所用的语言。从这方面而言，绿色就业、绿色经济与绿色发展可视为实现可持续发展的手段。

一方面，对于绿色概念的批判主要涉及其思想的模糊性及其与可持续发展、国际准则产生冲突的可能性。另一方面，倡导绿色概念试图以同样的标准对待不同国家（基于一刀切的方法），这可能会导致贸易保护主义。

"里约＋20"峰会明确强调了绿色经济作为实现更广泛可持续发展和消除贫困的手段。提高资源利用率、降低经济的碳排放、使用更少与更清洁的能源和保护环境是实现可持续发展的必要条件。

表 6.1　根据可持续发展三个维度分类的关键词综述

维度	绿色就业	绿色经济	绿色发展
社会	体面；高薪；社会包容；更好的生活质量；提供养家工资；脱贫之路	人类福祉；社会公平；社会包容；减少不公平；更好的生活质量；社会发展；公平准入；满足妇女和青年需求	福祉；社会包容；贫困人口获得基本生活用品的机会；满足粮食生产、交通、建筑、住房和能源需求
经济	生产环保产品和服务	收入和就业增长；公共和私人投资；活力经济；经济增长；新的经济活动	经济增长和发展；技术和革新；更有活力；可持续经济增长；经济增长动力；新的增长引擎；绿色技术；新的就业机会；创造就业或助力国内生产总值增长
环境	污染管理；清洁生产与技术；资源管理；直接有助于保护或改善空气质量、水质和地球环境	减少环境风险和生态灾难；低碳；资源利用效率；减少碳排放和污染；提高能源和资源使用效率；防止生物多样性和生态系统服务功能的丧失；地球生态限制范围内；环境责任；有限承载力	保护自然资源和维持环境服务；提供资源和服务；低碳；较少消耗资源和排放；资源效率；更清洁；气候和环境的可持续性；能源和资源使用效率；最小化污染和环境影响；抗灾能力；经济和环境的协调；环境保护；减少温室气体

资料来源：作者的收集、整理，Allen and Clouth（2012：6）。

实证证据表明相较传统就业，绿色就业只需略多的技能和教育，虽然它们仅占总就业的 1% ~ 8%（见表 6.2），但在 GDP 中的占比却略高。[1]绿色部门创造的价值在发达国家高于其创造的就业，而在发展中国家绿色部门具有劳动密集型特征，对就业的贡献大于增长。[2]

从内容而言，绿色经济的一个主要特点是低碳和清洁。然而，有些观点认为只要人类活动比基准更清洁/绿色，其最终都应归结为绿色活动。狭义的观点认为绿色经济是整体经济的一部分，只涉及提供环境类产品和服务。这些观点形成了对绿色发展的不同理解。

表 6.2　绿色就业在总就业中的占比

单位：%

国家	在总就业中的占比
墨西哥	4.5
毛里求斯	6
韩国	4
西班牙	3
孟加拉国	1 ~ 5
日本	1.2

资料来源：作者的收集、整理。

狭义的观点将绿色发展视为环境产业和服务业的增长，包括绝对增长和占经济总量份额的相对增长。更广义的观点则是将整体经济绿色化（对环境的危害更小）和经济增长的结合视为绿色发展。

产业（供给）和消费者（需求）在最终推动经济实现绿色发展方面发挥着主导作用。而政府在文化（鼓励实现更佳的环境绩效、实施绿色发展实践）创造方面也发挥着同样重要的作用。具体的驱动力取决于行业和国家（见表 6.3）。

表 6.3 表明在该背景下采用绿色管理模型的最大缺陷是企业部门的发展并不充分，仍存在工作条件不人性化、劳动力受到不公平待遇、高

污染影响整体生活质量的现象。因此，企业部门的参与对于实现可持续发展目标具有重要的作用。

表 6.3　绿色发展动力

欧盟标准	世界银行标准
1. 全球化时代的产业政策	1. 定价和财政政策：税收、补贴或取消补贴
2. 欧洲的数字议程	2. 制度、规范和条例及行为政策
3. 创新联盟	3. 创新与产业政策
4. 流动青年	4. 教育与劳动力市场政策
5. 新技能和新工作的议程	5. 自然资源、农业和生态系统服务管理
6. 欧洲反贫困纲领	6. 基础设施、建筑、城市化、交通和能源
7. 资源节约型欧洲	

资料来源：作者的收集、整理。

为实现 2030 年消除贫困的全球发展愿景，中小企业将发挥不可或缺的作用。它们对于届时有望进入劳动力市场的另外 4.7 亿劳动力的就业至关重要。

大公司，尤其是跨国公司，拥有能开拓其他市场的财务实力、专业知识和基础设施建设能力。与小企业一样，它们对就业同样有重大贡献。它们中的一部分已将可持续发展问题纳入了自身的经营战略，承担超越了传统企业的社会责任。这主要通过以下三种途径实现。

● 创新投资：金融能力使创新投资能够扩展到新的市场，满足包括最贫穷人群在内的广大民众的需求。

● 通过同时保护土壤、水、野生动物和其他自然资源，促进可持续的商业行为并提升竞争力。

● 吸引和雇用最有能力和最优秀的员工，维护员工的权利。

为提升跨国公司在实现新的全球战略目标方面的作用，应改善跨国公司的治理机制，使其形成及时跟进、披露自身活动对环境和社会影响的能力。这同样有助于跨国公司建立与政府和非政府部门间的信任和高质量的伙伴关系（UN，Report of the High-Level Panel of Eminent Persons on the Post-2015 Development Agenda，2013：11）。

一方面，全球 200 家最大公司的年销售额高于 12 亿最贫困人口年收入的 18 倍。[3]这些公司雇用了全球 0.78% 的劳动力，而它们的销售额却相当于全球经济总量的 27.5%（Anderson，Cavanagh，2000：1）。因此，它们具有与全球贫困斗争的巨大能力和潜力。然而，它们中的一部分远未成为反贫困斗争的最佳践行者。[4]另一方面，有些公司仅将绿色议程作为一种使其能够进入新市场、吸引新消费者的营销手段，并将它们的商业活动粉饰成"绿色""可持续""清洁""生态"和其他类型的"漂绿"行为。

国家政治体制对促进企业向可持续经济模式转变的努力具有重大影响，例如 2011 年丹麦、中国、肯尼亚、韩国、墨西哥、卡塔尔和埃塞俄比亚政府发起全球绿色发展论坛（3GF），以激发企业实现长期全球包容性绿色发展的潜力。这项倡议的主要目标是促进政府、商业机构、投资者和国际组织的有效合作，为共同努力实现包容性绿色发展做出贡献。3GF 的合作伙伴是一些大的跨国公司（如三星、西门子、丹佛斯、现代汽车等）和国际组织（如经济合作与发展组织、国际能源署等）。

要促进绿色经济发展必须加大投资力度。对生态和环境产业进行投资也会促进建筑业、资本品行业和相关服务领域的发展。[5]与其他经济领域相比，2008 年金融危机期间，生态产业的增长率较高，但此后略有下降。生态产业在经济衰退期起到了稳定经济的作用。正是由于生态产业的抗危机能力，发达国家推出了绿色刺激计划。该计划为现有产业和就业的绿色化提供了动力。然而，一些实例表明一旦补贴计划结束，这些绿色就业岗位便将不复存在。同一时期，发展中国家对发达国家的出口增长缓慢。它们面临着寻找新的经济增长点和创造就业机会的需求。因此，发展中国家和发达国家绿色发展的动力不同。

发展中国家的经验表明高质量就业对发展至关重要。因此，绿色就业顾名思义（由于其具有体面和清洁的特点）有利于发展。

绿色就业面临的两大主要挑战是：第一，如何创造更多的新就业岗位；第二，担心严格的环境义务会危及就业和竞争力。

绿色政策被视作能创造双重红利的政策。这些政策应结合监管和市场手段以优化措施和实现目标。它们对环境的影响（绝对值或与基准比较的相对值）、社会的影响（关于体面工作）和经济的影响（关于产品/服务的价格和竞争力）是不断变化的。

绿色经济政策对消除贫困和实现全球可持续发展具有重要作用。

绿色投资可以加速新兴经济体（中国、巴西）的经济增长和创造就业机会。一切如常，绿色投资创造就业的速度甚至比经济增长还快。

实现绿色经济的增长模式被视为刺激创造就业和提高现有就业质量的途径。各国应在可持续发展和消除贫困的背景下考虑实施绿色经济政策。这些政策应可促进可持续增长和提供就业机会（尤其是针对青年、妇女和穷人）。

经济绿色化主要依靠国内就业和在一定程度上依靠国外市场。绿色城市发展战略基本上是依靠本地就业的地区发展战略。因此，绿色经济转型发展可视为反全球化行为。经济绿色化倡议至少在一定程度上也是反全球化的。这些倡议是在绿色发展战略、低碳和可持续发展战略的框架内设计和实施的。

证据表明，就业、包容和平等方面的得失并非所愿，但也不能用一刀切的方式来处理。合理政策组合的形成在很大程度上与国情有关。拥有大量资源密集型和高排放产业的国家和地区面临的挑战不同于那些不可持续发展程度较轻的国家和地区。后者的劳动力市场可能由农业等面临气候变化的部门主导。

总的来说，绿色发展是可持续的，即其支持经济增长、社会包容和福祉提升，为就业和公平劳动提供有利条件，同时也有助于保护自然环境和生态系统。然而，关于如何推动绿色发展还未达成共识。制定绿色发展战略更具挑战性。因此绿色发展战略的形成可被视为经济发展与绿色发展的指标和动力。

绿色发展战略的影响取决于时间范畴。实施的时间越早，可调整的空间就越大。

从另一个分析角度而言，绿色就业是绿色政策/绿色创业的结果。该方法研究了相对于基准而言绿色政策对就业的影响，例如欧盟20–20–20战略的就业影响。这些议题对于评估绿色政策包括财政刺激计划对劳动力市场的总体影响至关重要。部分评估只涉及包括创造的直接就业机会（如设备生产、维护），而其他部分则涉及创造的间接就业机会（如供应链上下游）和衍生就业机会（由直接和间接就业者的消费创造）。

多数研究估计绿色就业量将会增长。然而，关于就业质量的变化证据依然有限。经济绿色化本身并不能提高间接就业和衍生就业的质量，就业质量的变化取决于创造和失去的工作类型。

绿色经济可实现快速增长，但相对较小的绿色经济规模表明经济复苏期间大部分就业机会可能来源于生产绿色经济以外的产品和服务。

虽然绿色就业被视为能创造更多更好的就业机会和有助于促进可持续发展，但创造绿色就业机会的成本通常很高。此外，如果创造绿色就业机会可能导致传统就业机会流失，此类发展可能会造成越来越大的差异。"绿色经济"转型发展可以促进世界较大经济体的复苏。

绿色发展应有助于解决失业增长、不平等和收入差距等系统性问题。发展中国家每年需要创造超过5000万个新就业岗位。尽管新一代的绿色就业或可持续性发展无法单独解决上述问题，但可能发挥一定的积极作用。

许多研究都对绿色就业量和增长潜力进行了估计。这些研究使用了一系列不同的绿色就业定义。出于以下原因，这些估计相互间是不可比的：

- 不同的地理覆盖范围（美国、欧盟成员国家、全球）；
- 部门差异（通常专注于个别部门或分部门）；
- 总效应和净效应及包括/排除间接就业和衍生就业；
- 关于经济增长与现行常规政策效应的不同假设。

个体经济的异质性增加了得出正确结论的难度。研究结果表明，一方面，总体而言气候变化政策和可再生能源可以创造大量就业机会。另一方面，非绿色行业的就业机会可能遭到破坏。绿色就业被视为从一个长期增长路径转入另一个长期增长路径的机会和手段。在非自愿性失业普遍存在的危机时期，这一点尤为重要。绿色就业是增长的动力，可作为发展的指标。

鉴于目前环境政策分析缺乏足够的量化模型，其干预措施的有效性与其经济影响及对二者的权衡并不为人所知。因此，迫切需要设计和利用环境政策分析模型，以便更准确地预测投资的私人获益水平，从而使公共政策能够通过价格和其他激励措施的组合来调节私人部门的反应。

各国和各区域间有关可持续发展问题（如基本国家发展战略、其他战略涉及的可持续发展问题等）的战略政策框架大相径庭，在很大程度上取决于各自的政治体系、经济发展情况、环境条件、治理能力、政治文化等。

一般来说，联合国是制定/实施国家发展战略或在战略上解决可持续发展问题的重要推手。联合国制定了国家发展战略指导方针，并作为各国尤其是欠发达国家的支持组织。例如，联合国环境规划署一直支持亚太地区国家发展战略的制定和实施，并参与了国际法协会的建立。

联合国和捐助组织（如挪威亚太发展合作署）的外部支持具有诸多优势。然而，经验表明目前此类外部支持通常伴随着国家自主权的削弱和建立有效治理体系的挑战。

世界范围内，基本国家发展战略仅被数量有限的国家（如泰国、太平洋岛国）所采用。部分其他国家（如中国、菲律宾、巴西）则采用了21世纪议程国家发展战略。然而，可持续发展越来越多地被纳入战略政策性文件，最常见的是国家发展计划（如印度、墨西哥、哥斯达黎加）。此外，环境政策计划在一些国家（如日本、埃及）仍占主导地位，其中部分还涉及解决跨部门问题。

尽管可持续发展战略致力于解决经济、社会和环境问题，但在许多国家提升环境可持续性是普遍做法。

若干包括可持续发展问题的国家发展战略或战略政策文件将文化或国家遗产和治理机制视为重要问题。

全球范围内的若干地区已做出制定国家发展战略或综合可持续发展战略的区域性承诺，例如太平洋岛屿论坛、拉丁美洲和加勒比可持续发展倡议和地中海可持续发展战略。

尽管世界各国日益重视可持续发展（UN ESCAP, 2008；Meadowcroft, 2007），但现实中仍存在重大挑战，例如如何采取切实行动令所有政策部门重视可持续发展，并协调各级政府的可持续发展目标，制定全面有效的监管和评价程序。

投资可再生能源、提高效率和改进技术对实现绿色经济发展十分重要。绿色经济转型被视为一项实现可持续发展的战略经济政策议程。绿色经济意味着可持续发展的目标是在环境约束前提下，提高人类生活质量，包括应对全球气候变化、能源危机和生态危机。

为实现绿色经济发展，需有具体的扶持条件，其中包括制定法规、政策，提供补贴和奖励，构建国际市场，完善法律基础设施，促进贸易和提供发展援助。这些通常是通过制定一般和具体的规则来实现的。

在欧盟层面，实现经济绿色化的有利条件包括市场手段和政府监管（如欧盟排放交易体系、努力共享决策）。

尽管支持经济绿色化的技术和法律框架已得到长足发展，经验异常现象显示虽然存在高利润的节能机会，但相关技术并未在全球经济体中得到普及。

注　释

1. 表明环境就业渗透的百分比可作为参考，但由于计算绿色就业指标的方法多样，各国数据无法进行比较。
2. 这是初步结果，应在进一步的研究中加以阐述。
3. 根据世界银行的定义，这部分人每天靠不到 1 美元生存。
4. 例如埃克森美孚，作为收入排名世界第三和美国空气排放物数量和毒性排名第六的公司，通过可再生能源和环境保护研究创造的利润不到公司总利润的 1%（Weiss and Kougentakis, 2009）。壳牌公司被认为应对尼日利亚、阿根廷和巴西的直接环境污染和人权侵犯负有责任（国际特赦组织，2012）。
5. 20 世纪 90 年代，欧盟每年的投资额为 540 亿欧元（Ecotec, 2002）。

References

Allen, C. and Clouth, S., 2012. 'A Guidebook to the Green Economy'. Issue 1: *Green Economy, Green Growth, and Low-carbon Development-History, Definitions and a Guide to Recent Publications*. Division for Sustainable Development, New York: UNDESA.

Amnesty International, 2012. *Amnesty International Report* 2012: *The State of the World's Human Rights*. London: Amnesty International.

Anderson, S. and Cavanagh, J. , 2000. *Top* 200, *the Rise of Corporate Global Power*. Washington, DC: Institute for Policy Studies.

Ecorys, Teknologisk Institut, Cambridge Econometrics, CESifo, Idea Consult, 2009. 'Study on the Competitiveness of the EU Eco-industry'. Brussels. On-line, available at: http://ec. europa. eu/environment/enveco/eco_industry/ pdf/report% 20_2009_competitiveness_part1. pdf and http://ec. europa. eu/ environment/enveco/eco_industry/pdf/report% 20_2009_competitiveness_ part2. pdf (accessed 2 October 2014).

Ecotec, 2002. 'Analysis of the EU Eco-industries, their Employment and Export Poten-tial'. Birmingham. Online, available at: http://ec. europa. eu/envi-ronment/enveco/eco_industry/pdf/main_report. pdf (accessed 27 November 2014).

European Commission, 2011. 'EU Environment Policy Supporting Jobs and Growth'. Luxembourg: Online, available at: http://ec. europa. eu/environ-ment/enveco/industry_employment/pdf/facts_and_figures. pdf (accessed 16 November 2014).

GHK, Cambridge Economics, and Institute for European Environmental Policy, 2007. 'Links between the Environment, Economy and Jobs'. London. On-line, available at: http://ec. europa. eu/environment/enveco/industry_em-ployment/pdf/ghk_study_wider_links_report. pdf (accessed 23 November 2014).

GHK, 2009. 'The Economic Benefits of Environmental Policy Global Climate Network, LowCarbon Jobs in an Interconnected World'. Online, available at: www. ippr. org/publications/low-carbon-jobs-in-an-interconnected-world (accessed 2 December 2014). ILO, 2013. 'Sustainable Development, Decent Work and Green Jobs'. Report V. Online, available at: www. ilo. org/wcm-sp5/groups/public/ - - - ed _ norm/ - - - relconf/documents/meetingdocu-ment/wcms_207370. pdf (accessed 3 October 2014).

ILS, 2009. *World of Work: the Global Job Crisis and Beyond.* Geneva: ILO.

ILS and Chinese Ministry of Human Resources and Social Security, 2010. Study on Green Employment in China. Beijing.

Meadowcroft, J. , 2007. 'National Sustainable Development Strategies: Features, Chal-lenges and Reflexivity'. European Environment Special Issue: Sustainable Develop-ment Strategies in Europe: Taking Stock 20 years after the Brundtland Report, 17 (3): 152 – 163.

Millennium Institute, 2012. 'Growing Green and Decent Jobs'. ITUC. Online, available at: www. ituc-csi. org/IMG/pdf/ituc _ green _ jobs _ summary _ en _ fi-nal. pdf (accessed 19 November 2014).

UN, 2012. 'A Guidebook to Green Economy'. Online, available at: http://sus-tainablede-velopment. un. org/content/documents/GE% 20Guidebook. pdf (ac-cessed 5 November 2014).

UN, 2013. 'Report of the High-Level Panel of Eminent Persons on the Post-2015 Devel-opment Agenda: A New Global Partnership: Eradicate Poverty and Transform Eco-nomies through Sustainable Development'. Online, available at: www. un. org/sg/management/pdf/HLP_P2015_Report. pdf (accessed 10 January 2015).

UN Environment Management Group, 2011. 'Working Towards a Balanced and Inclu-sive Green Economy' (4). Online, available at: www. unep. ch/etb/pdf/2009% 20state-ment% 20deliver% 20as% 20one/Interagency% 20Joint% 20Statement. % 20E% 20rev1. pdf.

UNEP, UNCTAD, UNDESA, 2011. 'Transition to a Green Economy: Benefits,

Chal-lenges and Risks from a Sustainable Development Perspective'. UN

UNEP, UNCTAD, UN-OHRLLS, 2011. 'Why a Green Economy Matters for the Least Developed Countries'. UNCSD Secretariat. Papers for the Rio + 20 Conference includ-ing A/CONF. 216/PC/6 and A/CONF. 216/PC/1.

UN ESCAP, 2008. 'Greening Growth in Asia and the Pacific'. Bangkok: UN. Online, available at: https://sustainabledevelopment. un. org/index. php? page = view&type = 400& nr = 783&menu = 1301 (accessed 15 January 2015).

Weiss, D. J. and Kougentakis, A. , 2009. 'Big Oil Misers'. Online, available at: www. Americanprogress. org/issues/2009/03/big _ oil _ misers (accessed 21 December 2014).

第七章 结 论

　　本书的主要挑战在于如何确立基本框架用以解释绿色概念。

　　"传统"发展方式和"绿色"发展方式的主要区别在于对生活质量和工作条件的要求及对环境尊重的程度不同。虽然追求高生活质量、良好的工作条件与环境友好是公认目标，但仍存在工作条件不人道、劳工受到不公平待遇、在职贫困和高污染影响整体生活质量的现象。因此，企业参与经济绿色化对促进绿色理念的实施有重要作用。

　　绿色术语（工作、经济、发展、政策）的概念框架并不统一。现实存在关于何为绿色的若干思考和讨论。

　　概念广度的差异是问题的关键所在：例如，普遍接受的观点是绿色经济涉及与可再生能源及气候变化的能源部门的活动，而更广泛的绿色概念则包括绿色就业（可能在上述部门之外）、绿色发展和绿色政策。即使全球专家对绿色的定义能够达成一致，通过贯彻绿色理念是否能区分发展、就业和经济等关键术语的问题依然存在。表7.1总结了对传统发展方式和绿色发展方式关键术语的解释。

　　在近期的文献中，绿色概念被视为未来可持续发展的基础。此外，有观点认为绿色发展是通过实施以绿色就业为基础的绿色发展措施实现全球未来绿色化的关键环节。然而，绿色发展与土地利用而非总体增长紧密联系,即绿色发展应具有包容性和环境友好特点,目标是减少贫困、共建小康(见表7.2)。

表7.1 传统发展方式和绿色发展方式关键术语解释的总结

术语	传统发展方式	绿色发展方式
就业	人类为获取生活资源而进行的一系列工作	任何生产(提供)与环境保护、管理相关的产品(服务)、使工作流程更具可持续性并具备良好工作条件的活动(ILO,2010)
经济	包含生产、消费和贸易三要素的人类活动	为地球生态极限内所有人提供更优生活质量的弹性经济(Green Economy Coalition,2011)
(经济)增长	商品和服务在经济中的增加值(国家财富的增加)	新的经济增长模式(以减少贫困、创造就业机会和社会包容为目标)和环境可持续性(减缓气候变化、丧失生物的多样性和获得饮用水及清洁能源)(Global Green Growth Institute,2012)
(公共)政策	应对社会问题的政府活动。政府选择处理或不处理的行为	通过有效的法律和监管框架、经济手段、市场和其他激励措施及环境与经济核算系统将环境与发展结合的措施

资料来源:作者基于维基百科的经典定义和本书中提供的绿色方法术语整理提炼得出。

表7.2 传统、可持续和绿色发展概念

术语	传统方式	可持续方式	绿色发展概念
发展	提升人民生活水平和福利的过程	在不损害后代利益的前提下满足当前需要的发展方式	考虑对整个社区或区域环境产生影响的土地利用规划概念和特定场所绿色建筑的概念

资料来源:作者的收集、整理。

无论术语和概念存在何种差异,不同国家经济绿色理念的贯彻和实施分析的结果显示创造绿色就业机会对于实现可持续发展是必要而非充分条件。案例研究清楚地表明虽然绿色理念的初衷是良好的,但其实施取决于当地的经济、政治和社会环境。发达国家认为绿色发展是开辟新市场和需求的一种方式,而发展中国家则更多地依赖劳动密集型增长方式和较低成本的绿色就业。在所有作为分析对象的国家中,对经济的考虑似乎优先于对环境的考虑。

方法上的差异限制了定量分析和跨国比较的可能性。但定性评估依然可行。

欧洲人通常认为绿色就业有助于产生促进绿色发展的绿色经济并同时有助于形成可持续发展机制。绿色概念理论框架的运作是通过绿色政策措施实现的。相反，亚洲国家则把绿色发展作为创造绿色就业和实现可持续发展的起点。

此外，发达国家和发展中国家绿色经济的驱动力并不相同。在发展中国家，绿色化主要由资源短缺或环境退化（与自然资本有关的问题）推动，而在发达国家技术发展和创新是绿色进程的推手（见第六章，表6.3）。

它们的共同特点与改变生产和消费方式的必要性有关。

绿色就业被视为以绿色经济和绿色发展为基础的绿色可持续未来的支柱。尽管分析人士经常把它们与低碳行业的活动联系在一起，但如今它们逐渐被更多地视为服务业的一部分。这些工作，无论是丹麦的潜绿色或深绿色工作，还是美国的绿领工作，未来都有望创造新的就业岗位，改善社会福利。此外，预计绿色就业将成为国民经济增长的驱动力。

劳动力市场此类结构性的变化是否可能发生和对绿色发展的双赢预期是否合理的问题尚未得到预期的积极回应。如果无法获得对基础设施、体制和能力建设、公众舆论及有关绿色就业新知识和新技能方面的长期投资，就很难指望棕色行业会向绿色、可持续行业转变。

事实上，绿色岗位的就业率在持续增长。形成这一趋势的主要原因是大多数国家更为严格的环境立法和不断的国际倡议及废物、水、空气与自然保护部门就相关污染进行补救、管理和监测。本书中所分析的国家环境和发展政策促进了绿色就业的增长。需要特别指出的是，这既涉及可再生能源部门的就业，也涉及其他部门的可持续活动。在大多数国家，可进一步增加绿色就业的领域是可持续旅游业，特别是自然保护区、森林、沿海地区旅游。大多数绿色就业以更高薪酬、更安全和更体面为主要特点。此外，大多数绿色就业人员具备先进的技能，因此成为未来发展的动力和绿色发展的承载者。

作为促进经济复苏努力的一部分，从 2008 年经济危机开始，绿色经济正逐步成为发展平台。尽管绿色经济尚无公认的定义，但目前对其所有的解释都包含实现人类福祉和调查环境风险。

在过去几年中，特别是在"里约 + 20"峰会（该峰会以可持续发展和消除贫困背景下的绿色经济为两大主题之一）后，绿色经济已被全世界公认为是促进可持续发展的手段。适应国情的包容性绿色经济有助于消除贫困和改善人类福祉，同时也有助于限制、修复甚至扭转对生态系统的破坏。它可促使产品设计更加智能化，提高资源利用率，减少温室气体排放、浪费和污染，为贫困和弱势群体带来更多的经济机会。包容性绿色经济的机会因国家而异。

在欧盟国家中，尚不存在单一的、促进绿色经济发展的方法。例如在英国，政策制定依赖于整个经济的绿色需求。此外，丹麦还将其商业活动和生活方式打造为世界上大多数国家认同的绿色。然而，在其他一些欧盟国家，经济发展和人民生活水平的提高仍被视为比经济绿色化更为重要。

与欧盟不同，绿色经济在美国主要与能源部门的绿色化有关。日本的情况类似，能源部门和控制污染治理部门是增长最快的两个部门，它们构成了日本绿色经济的主体。

在发展中国家，绿色经济部门在过去几年内增长了 20% 以上。农业、林业、旅游、可再生能源和低碳行业进行的可持续发展活动被视为具有巨大的发展潜力。

在绿色经济的转型过程中，发展中国家面临着资金、技术和能力方面的挑战。它们需要国际社会提供能力建设、技术转让、资金和技术方面的支持。此外，对绿色经济部门的投资必须是能产生效益的，能够创造体面的工作机会，提供获得技能和知识的途径。绿色经济概念与低碳和节能活动及创新、研发和更高水平的管理技能相关。

投资绿色经济可促进绿色发展。与其他绿色概念一样，人们对于绿色发展的分析框架尚未达成共识。绿色发展被描述为经济发展和增长的手段，可有效利用自然资源，防止环境恶化，增加社会福利和就业，减少贫困和促进创新，促进高效和清洁技术的应用。绿色发展着眼于招商引资，绿色经济则着眼于更广泛、更深层次的改革，以建设现代化经济体系，更好地服务于社会。因此，绿色发展并不一定是实现绿色经济的途径，绿色经济的目标是以可持续和公平的方式满足人类对食品、交通、能源等的不同需求。

虽然绿色就业的不同定义间存在相似的重合之处，但关于绿色发展与绿色经济的说法并不一致。根据国际劳工统计学家的解释，绿色就业是指从事环境方面的体面工作，而绿色经济则涉及所有部门（不单是环境部门）。因此，绿色经济中的部分从业人员并非属于绿色就业人员，但他们从事的工作与绿色有关（见第一章，表 1.14）。因此，绿色就业岗位数量与岗位创造的附加值并不一定与绿色经济的规模相符，这表明绿色概念的主要缺点之一在于它们之间并不具有可比性。

事实上，人们往往倾向于享受经济增长带来的繁荣和愉悦生活而不考虑环境限制。因此，追求经济增长与环境可持续间的协调发展，即各国际组织认可的绿色发展，成为过去 20 年的当务之急。绿色发展已成为经济增长的新模式，各国应制定绿色发展战略，实施绿色发展计划，促进和支持高质量发展。绿色发展应具有可持续性，并逐步取代带来短期利益但破坏生态系统和繁荣的"棕色增长"。

不幸的是，由于消费者对环境保护主义的重视，一些行业使用诸如"清洁"、"绿色"或"生态之类"的词或其他类型的营销手段试图将其污染活动粉饰成"绿色"或"可持续"行为。

绿色发展还应有助于缩小发达国家和发展中国家的差距。此类远大目标难以实现。作为绿色发展环境本质的脱碳处理并不总是国民经济的主要发展目标。因此，未来绿色发展的方向是在加强绿色服务和绿色消费的同时减少储蓄和投资。此类增长可能会促进某些部门新就业岗位的形成。这些部门，如绿色旅游、文化和传统部门、可持续农业、可持续林业、制造业、小手工业等，通常尚未被识别为发展的潜在驱动力。

近年来，经济增长率最高的中国和土耳其是污染问题相对也突出一些。它们是最重要的传统钢铁制造国，而钢铁行业则是世界上最大的二氧化碳排放行业。

过去 10 年，全球性战略文件描述了经济发展与绿色理论的不协调现象。多数可持续发展战略都明确包含绿色行动/任务。作为发展的一项挑战，绿色并非千年发展目标的一部分，而是在 2015 年后时期若干可持续发展目标的新框架中有所提及。

虽然可持续发展和绿色发展两个概念都结合了经济、社会和环境目标，但它们的确有所不同。

为实现可持续发展，必须制定绿色发展政策。几乎所有的政策行动都可绿色化并有助于保障实现可持续发展（经济、社会等）。这些政策必须能保护环境，带来经济效益。因此，绿色政策包含了宏观经济政策和微观经济政策。它们还应能纠正市场失灵（通过使用针对环境外部效应的市场工具）。

绿色政策应支持绿色经济转型，并能支付（直接和间接）转型成本。这些政策包括绿色就业（及相关技能）政策、增长政策（包括税收政策）及针对具有发展前景领域（如科学和创新）的其他政策。此外，一些特定部门的传统政策（如绿色能源、交通政策）也可能包含绿色元素。

此外，在制定绿色政策前，必须确保为政策决策的准备和实施提供信息，并向公众及时反馈这一信息。在制定和实施绿色政策时，必须使用多部门或投入产出分析方法监测这些拟议措施的跨部门行为。只有采用该方法才能对发展决策给整个社会福祉带来的影响进行多层次分析，而这正是"绿色化"本身所要实现的最终目标。

总而言之，目前存在一系列与"绿色"未来相关的论文和发展概念。除"可持续发展"有明确定义外，所有其他的绿色概念都有几十种相似但不同的解释。这些解释在不同的国家有不同的解读，无法进行深入的比较分析。

无论发展前景如何，绿色经济和绿色发展作为未来的挑战仅在全球发展目标中有所体现。无论是千年发展目标还是 2015 年后时期可持续发展目标都未明确从全球视角提及绿色发展。一部分（并非全部）拟议的可持续发展目标是绿色的。因此，可以说绿色发展对于可持续发展是必要但非充分条件。

因此，对于这一话题的理解有助于改变将脱离"绿色"视为唯一能源政策取向的现状，通过可持续活动和绿色生活方式真正实现"绿色化"。这些改善将促使所有发展政策采用绿色实践和绿色手段，这不仅有助于实现低碳经济，而且有助于整个社会的经济发展。新的知识和技能、对创新和新技术的投资及为新经济部门提供可持续服务为新的绿色就业、绿色经济的发展和绿色发展以及人类福祉提供了巨大的机会。

这一点可从 2008 年制定的欧洲城市可持续发展战略中得到说明，而绿色城市问题则是一个较新的概念。

完美的经济增长/社会模式是不存在的，也永远不会存在。以整个

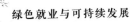

社会为代价的、对于增长目标的痴迷，可能被证明是危险和有害的。在经济增长和社会发展的道路上，决策者应提出更多问题，尤其是根本性的问题：人类究竟需要什么样的社会？

答案可能是绿色的，但不是唯一的。

缩略语

3GF	全球绿色发展论坛
ACES	《美国清洁能源与安全法案》
ACTU	澳大利亚贸易联盟委员会
ANZSCO	澳新职业标准
ANZSIC	澳新产业分类标准系统
ARRA	《美国复苏与再投资法案》
ASEAN	东南亚国家联盟
AUD	澳元
BIS	英国商业、创新与技能部
BLS	美国劳工统计局
CCAP	气候变化行动计划
CCL	气候变化税
CCS	碳捕获与封存
CEDEFOP	欧洲职业培训发展中心
CEFC	清洁能源金融公司
CIELAP	加拿大环境和政策研究所

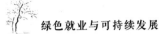

CO$_2$	二氧化碳
DECC	英国能源与气候变化发展部
DEFRA	英国环境、食品和农村事务部
DKK	丹麦克朗
DWP	英国就业和退休保障部
EAF	电弧炉
EC	欧洲委员会
EEA	欧洲环境署
ELV	报废车辆
EGS	环境产品和服务
EMR	电力市场改革
ETS	排放交易系统
EU	欧盟
FJF	未来就业基金
FSDS	联邦可持续发展战略（加拿大）
G20	二十国集团
GBP	英镑
GDP	国内生产总值
GEF	全球环境设施
GESS	绿色经济范围界定研究
GGEI	全球绿色经济指数
GGGI	全球绿色增长研究所
GGND	《全球绿色新政》
GGS	绿色产品和服务

GHG	温室气体
GIB	英国绿色投资银行
H & S	健康和安全
HRSDC	加拿大人力资源和技能发展部
IDDRI	可持续发展与国际关系研究所（法国）
ILAC	拉丁美洲和加勒比可持续发展倡议
ILO	国际劳工组织
IMF	国际货币基金组织
IOE	国际雇主组织
ISP	综合钢铁厂
ITUC	国际工会联盟
JPOI	《约翰内斯堡执行计划》
JPY	日元
KECO	韩国职业就业分类
KOTRA	韩国贸易馆
KSIC	韩国标准行业分类
kWh	千瓦时
LEDS	温室气体长期低排放发展战略
LNG	液化天然气
MDG	千年发展目标
MSSD	《地中海可持续发展战略》
MXN	墨西哥比索
NAICS	北美产业分类体系
NDP	国家发展计划

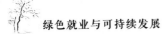
NOC	加拿大国家职业分类系统
NOx	氮氧化物
NRE	新能源和可再生能源
NRP	国家改革方案
OECD	经济合作与发展组织
PAGE	绿色经济行动伙伴关系
PCSD	可持续发展总统委员会
PV	光电池
R&D	研发
RAP	《区域行动计划》
RDA	区域开发机构（英国）
ROK	韩国
SDG	可持续发展目标
SEEA	环境经济综合核算体系
SME	中小企业
SNA	国民经济核算体系
SNG	生物合成天然气
TUC	英国劳工联合会议
UK	英国
UN	联合国
UNCTAD	联合国贸易和发展会议
UNDESA	联合国经济和社会事务部
UNEP	联合国环境规划署
UNESCAP	联合国亚太经济与社会委员会

UNFCCC	《联合国气候变化框架公约》
UNIDO	联合国工业发展组织
INITAR	联合国训练研究所
US	美国
USDA	美国农业部
VET	职业教育与培训
VOC	挥发性有机化合物
WEEE	废弃电器电子设备
WWF	世界自然基金会

图书在版编目（CIP）数据

绿色就业与可持续发展／（克罗）安娜－玛丽亚·博罗米萨，（克罗）桑贾·西尔玛，（克罗）阿纳斯塔西娅·拉蒂亚·莱扎克著；洪卉译. -- 北京：社会科学文献出版社，2021.1

书名原文：Green Jobs for Sustainable Development

ISBN 978 - 7 - 5201 - 7760 - 3

Ⅰ.①绿…　Ⅱ.①安…　②桑…　③阿…　④洪…　Ⅲ.①劳动就业 - 可持续性发展 - 研究 - 世界　Ⅳ.①F249.1

中国版本图书馆 CIP 数据核字（2021）第 016546 号

绿色就业与可持续发展

著　　者／［克罗地亚］　安娜－玛丽亚·博罗米萨　桑贾·西尔玛
　　　　　　阿纳斯塔西娅·拉蒂亚·莱扎克
译　　者／洪　卉

出 版 人／王利民
责任编辑／高　雁

出　　版／社会科学文献出版社·经济与管理分社（010）59367226
　　　　　　地址：北京市北三环中路甲 29 号院华龙大厦　邮编：100029
　　　　　　网址：www. ssap. com. cn
发　　行／市场营销中心（010）59367081　59367083
印　　装／三河市龙林印务有限公司

规　　格／开　本：787mm × 1092mm　1/16
　　　　　　印　张：14.75　字　数：198 千字
版　　次／2021 年 1 月第 1 版　2021 年 1 月第 1 次印刷
书　　号／ISBN 978 - 7 - 5201 - 7760 - 3
著作权合同
　　　　　　／图字 01 - 2020 - 5451 号
登 记 号
定　　价／98.00 元

本书如有印装质量问题，请与读者服务中心（010 -59367028）联系